OECD/G20 Projekt Gewinnverkürzung und Gewinnverlagerung

Verhinderung der Gewährung von Abkommensvergünstigungen in unangemessenen Fällen, Aktionspunkt 6 – Abschlussbericht 2015

Bitte zitieren Sie diese Publikation wie folgt:
OECD (2018), *Verhinderung der Gewährung von Abkommensvergünstigungen in unangemessenen Fällen, Aktionspunkt 6 – Abschlussbericht 2015*, OECD/G20 Projekt Gewinnverkürzung und Gewinnverlagerung, OECD Publishing, Paris.
https://doi.org/10.1787/9789264304390-de

ISBN 978-92-64-30412-3 (Print)
ISBN 978-92-64-30439-0 (PDF)

Publikationsreihe: OECD/G20 Projekt Gewinnverkürzung und Gewinnverlagerung
ISSN 2517-9462 (Print)
ISSN 2517-9470 (Online)

Originaltitel: *Preventing the Granting of Treaty Benefits in Inappropiate Circumstances: Action 6: 2015 Final Report.*
Übersetzung durch das deutsche Bundesministerium der Finanzen.

Foto(s): Deckblatt © ninog - Fotolia.com

Korrigenda zu OECD-Veröffentlichungen sind verfügbar unter: *www.oecd.org/about/publishing/corrigenda.htm.*

Vorwort

Internationale Steuerfragen standen niemals so weit oben auf der politischen Agenda wie heute. Die Integration der nationalen Volkswirtschaften und Märkte hat sich in den vergangenen Jahren deutlich erhöht, wodurch die – vor über einem Jahrhundert konzipierten – internationalen Steuerregeln zunehmend unter Druck gerieten. Schwachstellen im gegenwärtigen Regelwerk lassen Möglichkeiten der Gewinnverkürzung und Gewinnverlagerung (*Base Erosion and Profit Shifting* – BEPS) entstehen, was mutige Schritte seitens der politischen Entscheidungsträger erforderlich macht, um das Vertrauen in das Steuersystem wiederherzustellen und zu gewährleisten, dass Gewinne dort besteuert werden, wo die wirtschaftlichen Aktivitäten stattfinden und die Wertschöpfung erfolgt.

Im Anschluss an die Veröffentlichung des Berichts *Addressing Base Erosion and Profit Shifting (Gewinnverkürzung und Gewinnverlagerung – Situationsbeschreibung und Lösungsansätze)* im Februar 2013 haben die OECD- und G20-Staaten im September 2013 einen 15-Punkte-Aktionsplan gegen Gewinnverkürzung und Gewinnverlagerung verabschiedet. In diesem Aktionsplan wurden 15 Maßnahmen entlang drei großer Achsen identifiziert: Gewährleistung der Kohärenz der innerstaatlichen Vorschriften, die sich auf grenzüberschreitende Tätigkeiten auswirken, Stärkung der Substanzanforderungen in den bestehenden internationalen Standards und Erhöhung der Transparenz sowie der Planungssicherheit.

Alle G20- und OECD-Länder haben seitdem gleichberechtigt am BEPS-Projekt gearbeitet, und auch die Europäische Kommission hat während des gesamten Verlaufs des Projekts ihre Ansichten eingebracht. Entwicklungsländer wurden über eine Reihe verschiedener Mechanismen, einschließlich der direkten Mitwirkung im Ausschuss für Steuerfragen, umfassend in diesen Prozess einbezogen. Darüber hinaus haben auch regionale Steuerorganisationen wie das African Tax Administration Forum, das Centre de Rencontre des Administrations Fiscales (CREDAF) und das Centro Interamericano de Administraciones Tributarias (CIAT) zusammen mit internationalen Organisationen wie dem Internationalen Währungsfonds, der Weltbank und den Vereinten Nationen einen Beitrag zu diesen Arbeiten geleistet. Betroffene Akteure wurden umfassend konsultiert: Insgesamt gingen zum BEPS-Projekt über 1 400 Stellungnahmen von Wirtschaftsvertretern, Beratern, Nichtregierungsorganisationen und Wissenschaftlern ein. Vierzehn öffentliche Konsultationen wurden abgehalten, die live online übertragen wurden, ergänzt durch Webcasts, in denen das OECD-Sekretariat die Öffentlichkeit regelmäßig auf dem Laufenden hielt und Fragen beantwortete.

Nach zwei Jahren Arbeit sind die 15 Aktionspunkte nun abgeschlossen. Die verschiedenen Arbeitsergebnisse – einschließlich derjenigen, die 2014 in vorläufiger Form vorgelegt wurden – wurden zu einem umfassenden Maßnahmenpaket zusammengefasst. Dieses BEPS-Maßnahmenpaket stellt die erste wesentliche Überarbeitung der internationalen Steuerregeln seit fast einem Jahrhundert dar. Wenn die neuen Maßnahmen in Kraft getreten sind, wird erwartet, dass Gewinne dort ausgewiesen werden, wo die wirtschaftlichen Tätigkeiten, mit denen sie erzielt werden, stattfinden und wo die Wertschöpfung erfolgt. Steuerplanungsstrategien zur Gewinnverkürzung und Gewinnverlagerung, die auf veralteten Regeln oder unzureichend koordinierten innerstaatlichen Maßnahmen basieren, werden ihre Wirkung verlieren.

Somit kommt es in diesem Stadium entscheidend auf die Umsetzung an. Das BEPS-Maßnahmenpaket ist so konzipiert, dass es über Änderungen von innerstaatlichen Rechtsvorschriften und Verfahren sowie von Abkommensbestimmungen umgesetzt wird, wobei die Verhandlungen über ein multilaterales Instrument bereits begonnen haben und 2016 abgeschlossen werden sollen. Die OECD- und G20-Staaten sind ferner übereingekommen, ihre Zusammenarbeit fortzusetzen, um eine konsistente und koordinierte Umsetzung der BEPS-Empfehlungen zu gewährleisten. Globalisierung erfordert globale Lösungen und einen globalen Dialog, der über die OECD- und G20-Länder hinausreicht. Um auf dieses Ziel hinzuarbeiten, werden die OECD- und G20-Staaten 2016 einen inklusiven Monitoring-Rahmen entwerfen, an dem alle interessierten Länder gleichberechtigt mitwirken können.

Ein besseres Verständnis der konkreten Umsetzung der BEPS-Empfehlungen könnte Missverständnisse und Streitigkeiten zwischen verschiedenen Staaten verringern. Eine stärkere Fokussierung auf Umsetzung und Steuerverwaltung dürfte daher für die Staaten ebenso wie die Unternehmen von Vorteil sein. Die vorgeschlagenen Verbesserungen der Daten und Analysen werden die laufende Evaluierung des quantitativen Effekts von Gewinnverkürzungen und Gewinnverlagerungen sowie der Auswirkungen der im Rahmen des BEPS-Projekts entwickelten Gegenmaßnahmen unterstützen.

Anmerkung zur Übersetzung

Die vorliegende Übersetzung dient der Erleichterung des Zugangs zum Abschlussbericht dieses Aktionspunkts. Aufgrund des früheren Erstellungszeitpunkts sind Abweichungen in dieser deutschen Übersetzung gegenüber der später zwischen den deutschsprachigen Teilnehmerstaaten der Ad-Hoc-Verhandlungsgruppe zum Multilateralen Instrument (Belgien, Deutschland, Liechtenstein, Luxemburg, Österreich und der Schweiz) abgestimmten deutschen Übersetzung der Regelungen des Mehrseitigen bzw. Multilateralen Übereinkommens zur Umsetzung steuerabkommensbezogener Maßnahmen zur Verhinderung der Gewinnverkürzung und Gewinnverlagerung möglich.

Inhaltsverzeichnis

Abkürzungsverzeichnis

BEPS	Gewinnverkürzung und Gewinnverlagerung (Base Erosion and Profit Shifting)
CIV	Gemeinsame Anlagen in Wertpapiere (Collective Investment Vehicles)
LoB	Beschränkung von Abkommensvergünstigungen (Limitation-on-benefits)
OECD	Organisation für wirtschaftliche Zusammenarbeit und Entwicklung
PPT	Principal purpose test
REIT	Real Estate Investment Trust
RIC	Regulated Investment Company
WÜRV	Wiener Übereinkommen über das Recht der Verträge

Zusammenfassung

Unter Aktionspunkt 6 des BEPS-Projekts der OECD und G20 wird festgestellt, dass Abkommensmissbrauch – insbesondere das sogenannte Treaty-Shopping – zu den wichtigsten Aspekten der Gewinnverkürzungs- und Gewinnverlagerungsproblematik zählt.

Steuerpflichtige, die Treaty-Shopping betreiben oder andere missbräuchliche Strategien verfolgen, untergraben die Steuerhoheit, indem sie Abkommensvergünstigungen in Fällen geltend machen, für die diese nicht gedacht sind, und dadurch den Staaten Steuereinnahmen vorenthalten. Die Staaten haben sich daher darauf verständigt, in ihre Doppelbesteuerungsabkommen Missbrauchsbekämpfungsvorschriften aufzunehmen, darunter einen Mindeststandard zur Bekämpfung des Treaty-Shopping. Zudem sind sie sich darin einig, dass bei der Umsetzung des Mindeststandards eine gewisse Flexibilität erforderlich ist, da die betreffenden Bestimmungen an die jeweiligen Besonderheiten der einzelnen Staaten und die jeweiligen Umstände beim Aushandeln zweiseitiger Abkommen angepasst werden müssen.

Abschnitt A dieses Berichts enthält neue Missbrauchsbekämpfungsvorschriften für Doppelbesteuerungsabkommen, die vor Abkommensmissbrauch schützen sollen und dabei ein gewisses Maß an Flexibilität bieten.

Diese neuen Abkommensbestimmungen zur Missbrauchsbekämpfung beziehen sich zunächst auf das Treaty-Shopping, unter das Strategien fallen, mit denen eine in einem Staat nicht ansässige Person z.B. durch Gründung einer Briefkastenfirma in diesem Staat Vergünstigungen zu erlangen versucht, die dieser Staat nach einem von ihm geschlossenen Doppelbesteuerungsabkommen ansässigen Personen gewährt. Zur Bekämpfung dieser Strategien werden folgende Maßnahmen empfohlen:

- Erstens wird in Doppelbesteuerungsabkommen eine eindeutige Erklärung der das Abkommen schließenden Staaten aufgenommen, dass sie die Schaffung von Möglichkeiten zur Nicht- oder Niedrigbesteuerung durch Steuerhinterziehung oder -umgehung, u.a. durch Treaty-Shopping-Gestaltungen, zu vermeiden beabsichtigen (siehe Abschnitt B des Berichts).
- Zweitens wird in das OECD-Musterabkommen eine besondere Missbrauchsbekämpfungsvorschrift – die sogenannte LoB-Klausel (limitation-on-benefits – Beschränkung von Abkommensvergünstigungen) – aufgenommen, nach der Abkommensvergünstigungen Rechtsträgern vorbehalten sind, die bestimmte Voraussetzungen erfüllen. Anhand dieser Voraussetzungen, die auf die Rechtsnatur, Eigentümerstruktur und allgemeinen Tätigkeiten des Rechtsträgers abstellen, soll gewährleistet werden, dass zwischen dem Rechtsträger und seinem Ansässigkeitsstaat eine ausreichende Verbindung besteht. Entsprechende LoB-Klauseln sind derzeit in Abkommen einiger weniger Staaten zu finden und haben sich bei der Verhinderung zahlreicher Arten von Treaty-Shopping-Strategien bewährt.
- Drittens wird, um auch anderen Formen des Abkommensmissbrauchs begegnen zu können, u.a. Fällen von Treaty-Shopping, die nicht unter die o.g. LoB-Klausel fallen, in das OECD-Musterabkommen eine allgemeinere Missbrauchsbekämpfungsvorschrift

aufgenommen, die auf den Hauptzweck von Transaktionen und Gestaltungen abstellt (die Hauptzweck-Kriterium- bzw. „PPT"-Klausel – *principal purpose test*). Nach dieser Vorschrift werden Abkommensvergünstigungen verweigert, wenn einer der Hauptzwecke von Transaktionen und Gestaltungen die Erlangung dieser Vergünstigungen ist, es sei denn, es wird nachgewiesen, dass die Gewährung dieser Vergünstigungen mit dem Ziel und Zweck der Abkommensbestimmungen im Einklang steht.

Der Bericht berücksichtigt, dass sowohl die LoB- als auch die PPT-Klausel Vor- und Nachteile haben und möglicherweise nicht für alle Staaten geeignet sind bzw. nicht mit deren Abkommenspolitik übereinstimmen. Ebenso kann es sein, dass das innerstaatliche Recht einiger Staaten bereits Vorschriften enthält, aufgrund derer es zur Verhinderung des Treaty-Shopping nicht erforderlich ist, die beiden Klauseln miteinander zu kombinieren.

Angesichts der vom Treaty-Shopping ausgehenden Gefährdung der Steuereinnahmen haben sich die Staaten verpflichtet, ein Mindestmaß an Schutz vor Treaty-Shopping zu schaffen (den „Mindeststandard"). Demnach müssen sie in ihren Doppelbesteuerungsabkommen ausdrücklich erklären, dass ihre gemeinsame Absicht darin besteht, eine Doppelbesteuerung zu beseitigen, ohne dabei Möglichkeiten zur Nicht- oder Niedrigbesteuerung durch Steuerhinterziehung oder -umgehung, u.a. durch Treaty-Shopping-Gestaltungen, zu schaffen. Diese gemeinsame Absicht werden die Staaten umsetzen, indem sie in ihre Abkommen *i)* die o.g. Kombination aus LoB- und PPT-Klausel, *ii)* ausschließlich die PPT-Klausel oder *iii)* die LoB-Klausel ergänzt um einen Mechanismus zur Berücksichtigung von bislang durch ihre Doppelbesteuerungsabkommen nicht abgedeckten Durchlauffinanzierungsgestaltungen aufnehmen.

Ferner enthält Abschnitt A neue Vorschriften, die zur Bekämpfung weiterer Formen des Abkommensmissbrauchs in Doppelbesteuerungsabkommen aufgenommen werden können. Diese gezielten Vorschriften beziehen sich auf 1. bestimmte Transaktionen zur Übertragung von Dividenden, mit denen die Quellenbesteuerung von Dividenden künstlich verringert werden soll, 2. Transaktionen zur Umgehung der Anwendung der Abkommensbestimmung, nach der bei Gesellschaftsanteilen, deren Wert hauptsächlich auf unbeweglichem Vermögen beruht, eine Quellenbesteuerung zulässig ist, 3. Fälle, in denen ein Rechtsträger in zwei Vertragsstaaten ansässig ist, und 4. Fälle, in denen der Ansässigkeitsstaat die Einkünfte von in Drittstaaten gelegenen Betriebsstätten von der Besteuerung ausnimmt und in denen Anteile, Forderungen, Rechte oder Vermögenswerte auf Betriebsstätten in Ländern übertragen werden, in denen die betreffenden Einkünfte nicht besteuert werden oder eine Vorzugsbehandlung genießen.

Der Bericht lässt nicht außer Acht, dass die Aufnahme von Missbrauchsbekämpfungsvorschriften in Doppelbesteuerungsabkommen nicht ausreicht, um Strategien zur Steuerumgehung zu begegnen, mit denen innerstaatliche Steuervorschriften umgangen werden sollen; dafür sind innerstaatliche Missbrauchsbekämpfungsvorschriften erforderlich – darunter auch Regelungen, die aus den Arbeiten zu anderen Teilen des Aktionsplans hervorgehen werden. Der Bericht enthält auch Änderungen für das OECD-Musterabkommen, mit denen sichergestellt werden soll, dass die Anwendung entsprechender innerstaatlicher Missbrauchsbekämpfungsvorschriften nicht ungewollt durch Abkommen verhindert wird. Dazu werden die Teile des Kommentars zum OECD-Musterabkommen, die bereits auf diese Problematik eingehen, erweitert; außerdem wird erläutert, dass durch die Aufnahme der PPT-Klausel und damit des bereits im Kommentar zum OECD-Musterabkommen formulierten Grundsatzes in ein Abkommen deutlich gemacht wird, dass die Vertragsstaaten die Anwendung ihrer Abkommensbestimmungen verweigern wollen, wenn Transaktionen oder Gestaltungen zu dem Zweck eingegangen werden, die Vergünstigungen der Bestimmungen in unangemessenen Fällen zu erhalten.

Darüber hinaus wird im Bericht auf zwei konkrete Aspekte des Zusammenspiels zwischen Abkommen und innerstaatlichen Missbrauchsbekämpfungsvorschriften eingegangen. Der erste Aspekt betrifft die Anwendung von Doppelbesteuerungsabkommen zur Einschränkung des Rechts eines Vertragsstaats zur Besteuerung der in seinem Gebiet ansässigen Personen. Durch eine neue Bestimmung soll der Grundsatz, dass das Recht eines Staates zur Besteuerung der in seinem Gebiet ansässigen Personen durch Abkommen nicht eingeschränkt wird (vorbehaltlich bestimmter Ausnahmen), ausdrücklich festgelegt werden. Der zweite Aspekt betrifft die sogenannten Wegzugsteuern, die auf bestimmte Arten von Einkünften erhoben werden, die zugunsten einer in einem Staat ansässigen (natürlichen oder juristischen) Person entstanden sind, sobald diese ihren Status als in diesem Staat ansässige Person verliert. Durch Änderungen am Kommentar zum OECD-Musterabkommen soll klargestellt werden, dass die Erhebung dieser Steuern durch Doppelbesteuerungsabkommen nicht verhindert wird.

In Abschnitt B des Berichts wird der Teil des Aktionspunkts 6 behandelt, in dem eine Klarstellung dahingehend gefordert wurde, „dass Doppelbesteuerungsabkommen nicht zur Herbeiführung einer doppelten Nichtbesteuerung genutzt werden dürfen". Diese Klarstellung erfolgt durch eine Umformulierung des Titels und der Präambel des Musterabkommens, aus der deutlich wird, dass die gemeinsame Absicht der Vertragsparteien eines Doppelbesteuerungsabkommens darin besteht, Doppelbesteuerung zu beseitigen, ohne dabei Möglichkeiten zur Steuerhinterziehung oder -umgehung – insbesondere durch Treaty-Shopping-Gestaltungen – zu schaffen.

In Abschnitt C des Berichts wird der dritte Teil des Arbeitsauftrags aus Aktionspunkt 6 behandelt, der lautete: „Ermittlung der steuerpolitischen Überlegungen, die Staaten grundsätzlich anstellen sollten, bevor sie sich für den Abschluss eines Doppelbesteuerungsabkommens mit einem anderen Staat entscheiden". Anhand der in diesem Abschnitt beschriebenen steuerpolitischen Überlegungen sollte es für die Staaten einfacher sein, ihre Entscheidung gegen den Abschluss von Doppelbesteuerungsabkommen mit bestimmten Niedrig- oder Nullsteuerländern zu erläutern. Zudem werden diese Überlegungen für Staaten relevant sein, die über eine Änderung (oder sogar Kündigung) eines bereits geschlossenen Abkommens nachdenken müssen, falls aufgrund veränderter Umstände (z.B. geänderter innerstaatlicher Rechtsvorschriften eines Abkommenspartners) im Zusammenhang mit diesem Abkommen Risiken der Gewinnverkürzung oder -verlagerung entstehen.

Die vorliegende Endfassung des Berichts ersetzt die Zwischenfassung vom September 2014. An den im Bericht vom September 2014 vorgestellten Vorschriften wurden eine Reihe von Änderungen vorgenommen. Wie am Beginn des Berichts bereits erwähnt, muss die Arbeit an diesem Thema jedoch weiter fortgesetzt werden, um die Vorschläge, die unlängst von den Vereinigten Staaten bezüglich der LoB-Klausel und anderen im Bericht enthaltenen Bestimmungen veröffentlicht wurden, umfassend zu prüfen. Da das neue Musterabkommen der Vereinigten Staaten voraussichtlich nicht vor Ende 2015 fertiggestellt sein wird, können die betreffenden Bestimmungen dieses Berichts erst anschließend überprüft und im ersten Teil des Jahres 2016 in eine Endfassung gebracht werden. Die Beschäftigung mit den verschiedenen Fragen zur Abkommensberechtigung bestimmter Arten von Investmentvermögen wird nach September 2015 ebenfalls fortgesetzt und zu einem ähnlichen Termin abgeschlossen werden.

Die verschiedenen in diesem Bericht vorgestellten Missbrauchsbekämpfungsvorschriften werden zu den Änderungen gehören, die zur Aufnahme in das multilaterale Instrument vorgeschlagen werden, mit dem die Ergebnisse der Arbeiten zu Abkommensfragen im Rahmen des BEPS-Projekts der OECD und G20 umgesetzt werden sollen.

Einführung

1. Auf Wunsch der G20 hat die OECD im Juli 2013 ihren *Aktionsplan zur Bekämpfung der Gewinnverkürzung und Gewinnverlagerung* (BEPS-Aktionsplan)[1] veröffentlicht. Der BEPS-Aktionsplan enthält 15 Aktionspunkte zur umfassenden Bekämpfung von Gewinnverkürzungen und Gewinnverlagerungen sowie Fristen für deren Umsetzung.

2. Im BEPS-Aktionsplan wird festgestellt, dass Abkommensmissbrauch – insbesondere das sogenannte Treaty-Shopping – zu den wichtigsten Aspekten der Gewinnverkürzungs- und Gewinnverlagerungsproblematik zählt. In Aktionspunkt 6 (Verhinderung von Abkommensmissbrauch) werden die in diesem Bereich zu ergreifenden Maßnahmen beschrieben. Der betreffende Teil des Aktionsplans lautet wie folgt:

> **Bestehende nationale und internationale Steuervorschriften sollten so geändert werden, dass Einkünfte stärker der wirtschaftlichen Tätigkeit zugeordnet werden, durch die sie erzielt werden:**
>
> ***Abkommensmissbräuche gehören zu den wichtigsten Ausprägungen der BEPS-Problematik.*** Im Kommentar zu Artikel 1 des OECD-Musterabkommens sind bereits eine Reihe von Beispielen für Bestimmungen aufgeführt, mit denen man Fällen von Treaty-Shopping oder sonstigem Abkommensmissbrauch begegnen könnte, die zu einer doppelten Nichtbesteuerung führen können. Durch strenge Abkommensklauseln zur Missbrauchsbekämpfung in Verbindung mit der Ausübung von Besteuerungsrechten nach nationalem Recht lässt sich die Quellenbesteuerung in einer Reihe von Fällen wiederherstellen.
>
> ***Aktionspunkt 6 – Verhinderung von Abkommensmissbrauch***
>
> *Erarbeitung von Bestimmungen für das Musterabkommen und von Empfehlungen für die Gestaltung nationaler Vorschriften zur Verhinderung der Gewährung von Abkommensvorteilen in unangemessenen Fällen. Außerdem soll klargestellt werden, dass Doppelbesteuerungsabkommen nicht zur Herbeiführung einer doppelten Nichtbesteuerung genutzt werden dürfen, und es sollen die steuerpolitischen Überlegungen ermittelt werden, die Staaten grundsätzlich anstellen sollten, bevor sie sich für den Abschluss eines Doppelbesteuerungsabkommens mit einem anderen Staat entscheiden. Diese Arbeiten werden mit den Arbeiten zu hybriden Gestaltungen koordiniert.*

3. Der vorliegende Bericht ist das Ergebnis der Beschäftigung mit den drei verschiedenen Themenbereichen, die der Aktionspunkt 6 umfasst:

A. Erarbeitung von Bestimmungen für das Musterabkommen und von Empfehlungen für die Gestaltung innerstaatlicher Vorschriften zur Verhinderung der Gewährung von Abkommensvergünstigungen in unangemessenen Fällen;

B. Klarstellung, dass Doppelbesteuerungsabkommen nicht zur Herbeiführung einer doppelten Nichtbesteuerung genutzt werden dürfen;

C. Ermittlung der steuerpolitischen Überlegungen, die Staaten vor Abschluss eines Doppelbesteuerungsabkommens mit einem anderen Staat grundsätzlich anstellen sollten.

4. Analog zu dieser Gliederung werden in den Abschnitten A, B und C dieses Berichts die erarbeiteten Schlussfolgerungen zu den drei Themengebieten vorgestellt. Die Schlussfolgerungen liegen in Form von Änderungen am OECD-Musterabkommen vor. Die vorgeschlagenen Änderungen am aktuellen Wortlaut des Musterabkommens sind im vorliegenden Bericht ***fett und kursiv*** (Ergänzungen) bzw. ~~durchgestrichen~~ (Streichungen) dargestellt.

5. Diese Änderungen resultieren aus dem Einvernehmen darüber, dass das in der Zusammenfassung sowie in Ziffer 22 dieses Berichts beschriebene Mindestmaß an Schutz vor Abkommensmissbrauch einschließlich Treaty-Shopping in das OECD-Musterabkommen aufgenommen werden sollte, da dieses zur wirksamen Bekämpfung von Gewinnverkürzungen und Gewinnverlagerungen notwendig ist.

6. Bei der Betrachtung der in diesem Bericht vorgeschlagenen Bestimmungen für das Musterabkommen gilt es außerdem zu berücksichtigen, dass es sich dabei um Musterbestimmungen handelt, die an die Besonderheiten der einzelnen Staaten und die Umstände der Aushandlung der jeweiligen zweiseitigen Abkommen angepasst werden müssen. Beispiele:

- In einigen Staaten können verfassungsrechtliche Beschränkungen oder EU-rechtliche Bedenken bestehen, aufgrund derer sie den Wortlaut der hier empfohlenen Musterbestimmungen nicht unverändert übernehmen können.
- Einige Staaten verfügen möglicherweise bereits über innerstaatliche Missbrauchsbekämpfungsvorschriften, mit denen sich einige der in diesem Bericht beschriebenen Arten von Abkommensmissbrauch wirksam verhindern lassen, und – sofern diese Vorschriften die in diesem Bericht (insbesondere Abschnitt A Unterabschnitt 2) dargelegten Grundsätze erfüllen und den in Ziffer 22 genannten Mindestschutz bieten – benötigen einige der hier vorgeschlagenen Vorschriften daher nicht.
- Ebenso kann es sein, dass die Gerichte einiger Staaten bereits verschiedene Auslegungsinstrumente entwickelt haben (z.B. wirtschaftliche Substanz, wirtschaftliche Betrachtungsweise), mit denen diversen Arten des Missbrauchs von innerstaatlichen Rechtsvorschriften oder Abkommen wirksam begegnet wird, sodass diese Staaten die allgemeine Bestimmung zum Abkommensmissbrauch aus Abschnitt A Unterabschnitt 1 Buchstabe a Ziffer ii nicht benötigen oder eine enger gefasste Variante dieser Bestimmung bevorzugen.
- In einigen Staaten verfügt der Verwaltungsapparat eventuell nicht über ausreichende Kapazitäten zur Umsetzung bestimmter detaillierter Abkommensvorschriften, sodass dort allgemeinere Missbrauchsbekämpfungsvorschriften eingeführt werden müssen.

Aufgrund dessen sehen eine Reihe der in diesem Bericht vorgeschlagenen Bestimmungen für das Musterabkommen Alternativen und einen gewissen Grad an Flexibilität vor. Es besteht jedoch Einigkeit darüber, dass mit diesen Alternativen dasselbe Ziel erreicht werden soll, nämlich die Aufnahme ausreichender Schutzvorkehrungen zur Verhinderung von Abkommensmissbrauch – insbesondere Treaty-Shopping – in die von den Staaten geschlossenen Abkommen. Aus diesem Grund wird im vorliegenden Bericht ein Mindestmaß an Schutz empfohlen, das umgesetzt werden sollte (siehe Ziffer 22).

Noch ausstehende Arbeitsschritte

7. Im Zusammenhang mit einigen Themenpunkten des vorliegenden Berichts sind weitere Arbeitsschritte erforderlich.

8. Erstens haben die Vereinigten Staaten Ende Mai 2015 eine neue Fassung ihrer LoB-Klausel und weiterer Bestimmungen ihres Muster-Doppelbesteuerungsabkommens, die mit in diesem Bericht vorgestellten Bestimmungen vergleichbar sind, veröffentlicht[2] und um Stellungnahme bis zum 15. September 2015 gebeten. Bei der Erörterung dieser neuen Bestimmungen der Vereinigten Staaten wurde vereinbart, sich erneut mit ihnen zu befassen, sobald die Vereinigten Staaten unter Berücksichtigung der eingegangenen Stellungnahmen eine Endfassung erstellt haben. Daher müssen die Teile des vorliegenden Berichts, die die LoB-Klausel, den Kommentar dazu sowie Bestimmungen enthalten, die mit den im Mai 2015 von den Vereinigten Staaten herausgegebenen vergleichbar sind, nach Veröffentlichung dieses Berichts noch einmal geprüft werden. Die Beschäftigung mit diesen Bestimmungen und dem betreffenden Teil des Kommentars wird im ersten Teil des Jahres 2016 abgeschlossen sein, sodass sie bei den Verhandlungen zum multilateralen Instrument, mit dem die Ergebnisse der Arbeiten zu Abkommensfragen im Rahmen des BEPS-Aktionsplans umgesetzt werden sollen, berücksichtigt werden können.

9. Zweitens wurde in Ziffer 5 der vorläufigen Fassung dieses Berichts darauf hingewiesen, dass an den grundsätzlichen Überlegungen zur Abkommensberechtigung von Organismen für gemeinsame Anlagen in Wertpapieren (OGAW) und nicht unter die OGAW-Richtlinie fallenden Fonds noch weiter gearbeitet werden muss. Die Folgearbeiten zu diesem Thema und die von verschiedenen Seiten eingegangenen Stellungnahmen haben nun ergeben, dass die Schlussfolgerungen im OECD-Bericht von 2010 *The Granting of Treaty Benefits with Respect to the Income of Collective Investment Vehicles* (Die Gewährung von Abkommensvergünstigungen für die Einkünfte von Organismen für gemeinsame Anlagen in Wertpapieren) allgemeine Unterstützung finden und angesichts der nach Absatz 2 Buchstabe f der LoB-Klausel im vorliegenden Bericht vorgesehenen Anwendung der LoB-Klausel auf OGAW entsprechend den Schlussfolgerungen des OGAW-Berichts von 2010 keine weiteren Änderungen am Bericht zu Aktionspunkt 6 in Bezug auf Organismen für gemeinsame Anlagen in Wertpapieren erforderlich sind. Gleichzeitig herrscht Einigkeit darüber, dass die Umsetzung der Empfehlungen aus dem Projekt TRACE für die praktische Anwendung dieser Schlussfolgerungen von Bedeutung ist.

10 Dies gilt hingegen nicht für die grundsätzlichen Überlegungen zur Abkommensberechtigung von nicht unter die OGAW-Richtlinie fallenden Fonds, sodass in diesem Teilbereich weitere Arbeitsschritte erforderlich sind.

11. Dabei sind zunächst die Schlussfolgerungen des OECD-Berichts von 2008 *Tax Treaty Issues Related to REITs*, der sich mit der Abkommensberechtigung von REITs befasst, zu bestätigen. Anders als die Schlussfolgerungen aus dem OGAW-Bericht von 2010 wurden diejenigen aus dem REIT-Bericht von 2008 im Rahmen der Arbeiten zu Aktionspunkt 6 noch nicht bekräftigt. Daher wurde vereinbart, in der für 2016 geplanten Endfassung des Kommentars zur LoB-Klausel folgende Änderung vorzunehmen:

> *Der erste Teil der Ziffer 31 des Kommentars zu Absatz 2 Buchstabe f der LoB-Klausel in Ziffer 16 des Berichts zu Aktionspunkt 6 wird um folgende Fußnote ergänzt (die zusätzliche Fußnote ist fett und kursiv dargestellt):*
>
> > 31. Ob und, wenn ja, mit welchem Wortlaut eine konkrete Bestimmung zu Organismen für gemeinsame Anlagen in Wertpapieren (OGAW) in Absatz 2 aufgenommen werden sollte, hängt gemäß der Fußnote zu Buchstabe f von der

Anwendung des Abkommens auf OGAW und der Behandlung und Nutzung von OGAW in den Vertragsstaaten ab[1]. **Während bei einem Rechtsträger, der auch nach anderen Teilen des Absatzes 2 als „berechtigte Person" gelten würde,** keine derartige Bestimmung erforderlich ist, ~~Häufig~~ bedarf es ***häufig*** einer konkreten Bestimmung ~~dieser Art~~, weil ein OGAW unter Umständen weder nach den übrigen Bestimmungen des Absatzes 2 noch nach Absatz 3 ~~eine berechtigte Person ist~~***Anspruch auf Abkommensvergünstigungen hat***, da in vielen Fällen ...

[Fußnote 1] ***Siehe auch die Ziffern 67.1 bis 67.7 des Kommentars zu Artikel 10 sowie den Bericht „Tax Treaty Issues Related to REITs", der sich mit der Abkommensberechtigung von REITs befasst. Zur Anwendung der Begriffsbestimmung des Ausdrucks „in einem Vertragsstaat ansässige Person" auf REITs siehe die Ziffern 8 und 9 des Berichts „Tax Treaty Issues Related to REITs".***

12. Durch weitere Schritte soll außerdem sichergestellt werden, dass Altersvorsorgefonds als im Staat ihrer Gründung ansässig gelten – unabhängig davon, ob sie dort ganz oder teilweise von der Steuer befreit sind. Dazu werden Änderungen am OECD-Musterabkommen vorgenommen, die ebenfalls im ersten Teil des Jahres 2016 finalisiert werden sollen und eine entsprechende Regelung für Fonds umfassen werden, die eine Begriffsbestimmung des Ausdrucks „anerkannter Altersvorsorgefonds" erfüllen, welche voraussichtlich folgende Elemente enthalten wird:

- Die Begriffsbestimmung wird sich auf Rechtsträger und Gestaltungen beziehen, die in einem Staat errichtet werden und ausschließlich oder nahezu ausschließlich gegründet und betrieben werden, um für natürliche Personen Altersversorgungs- oder ähnliche Leistungen zu verwalten oder bereitzustellen.
- Die Rechtsträger und Gestaltungen, die unter die Begriffsbestimmung fallen, werden nach dem Steuerrecht des betreffenden Staates als eigenständige Personen gelten müssen.
- Damit nur Fonds erfasst werden, die steuerrechtlich als Altersvorsorgefonds anerkannt sind, werden die betreffenden Rechtsträger als Altersvorsorgefonds der Aufsicht durch den Staat unterstehen müssen, in dem sie errichtet werden.
- Die Begriffsbestimmung wird auch Rechtsträger und Gestaltungen erfassen müssen, die ausschließlich oder nahezu ausschließlich gegründet und betrieben werden, um zugunsten von Rechtsträgern oder Gestaltungen, die selbst als „anerkannte Altersvorsorgefonds" gelten, Mittel anzulegen.

13. Zu dieser Begriffsbestimmung wird es einen ausführlichen Kommentar geben müssen, in dem einige dieser Anforderungen erläutert werden, insbesondere diejenige, dass ein Altersvorsorgefonds „als solcher der Aufsicht unterstehen muss". Verschiedene Akteure werden konsultiert werden müssen, damit die Begriffsbestimmung und der dazugehörige Kommentar die wichtigsten Arten von Altersvorsorgefonds erfassen, die es gegenwärtig gibt.

14. Im Hinblick auf die generelle Frage der Abkommensberechtigung von nicht unter die OGAW-Richtlinie fallenden Fonds sind der OECD die wirtschaftliche Bedeutung dieser Fonds und die Notwendigkeit der Gewährung ggf. berechtigter Abkommensvergünstigungen bewusst. Nicht unter die OGAW-Richtlinie fallende Fonds, die Rechtsträger nutzen, welche in einem oder beiden Vertragsstaaten als steuerlich transparent gelten, werden von der neuen Abkommensbestimmung zu transparenten Rechtsträgern in Teil 2 des Berichts zu Aktionspunkt 2 (*Neutralisierung der Effekte hybrider Gestaltungen*) profitieren, da über derartige

Rechtsträger bezogene Einkünfte, die bei den Anlegern dieser Rechtsträger besteuert werden, auf der Ebene dieser Anleger in der Regel auch dann abkommensberechtigt sein werden, wenn die Anleger in Drittstaaten ansässig sind. Auch durch die mögliche Aufnahme einer Bestimmung über abgeleitete Vergünstigungen in die voraussichtlich im ersten Teil des Jahres 2016 finalisierte LoB-Klausel dürften einige der Bedenken im Zusammenhang mit der Abkommensberechtigung von nicht unter die OGAW-Richtlinie fallenden Fonds mit auslandsansässigen Anlegern ausgeräumt werden. Dennoch müssen Fragen betreffend die Abkommensberechtigung von nicht unter die OGAW-Richtlinie fallenden Fonds weiterhin berücksichtigt werden, damit diese in den geplanten neuen Abkommensbestimmungen angemessen geregelt wird. Bei der weiteren Berücksichtigung dieser Fragen wäre auch auf zwei grundsätzliche Probleme einzugehen, die Staaten im Zusammenhang mit der Gewährung von Abkommensvergünstigungen an nicht unter die OGAW-Richtlinie fallende Fonds sehen: zum einen, dass diese dazu genutzt werden könnten, Anlegern Abkommensvergünstigungen zu verschaffen, die selbst keinen Anspruch darauf haben, und zum anderen, dass Anleger die Erfassung von Einkünften, für die Abkommensvergünstigungen gewährt wurden, aufschieben könnten. Die damit verbundenen Arbeitsschritte, die ebenfalls von der Konsultation der verschiedenen Akteure profitieren werden, müssen im ersten Teil des Jahres 2016 abgeschlossen sein, damit sie in die Verhandlungen zum multilateralen Instrument einfließen können.

A. Abkommensbestimmungen und/oder innerstaatliche Vorschriften zur Verhinderung der Gewährung von Abkommensvergünstigungen in unangemessenen Fällen

15. Bei der Ermittlung der besten Vorgehensweise zur Verhinderung der Gewährung von Abkommensvergünstigungen in unangemessenen Fällen bot es sich an, zwischen zwei Arten von Fällen zu unterscheiden:

1. Fälle, in denen eine Person im Abkommen selbst vorgesehene Beschränkungen zu umgehen versucht;
2. Fälle, in denen eine Person durch die Inanspruchnahme von Abkommensvergünstigungen innerstaatliche Rechtsvorschriften zu umgehen versucht.

16. Da es sich bei der ersten Kategorie um Fälle handelt, in denen eine Person Vorschriften zu umgehen versucht, die speziell in Doppelbesteuerungsabkommen enthalten sind, kann ihnen wahrscheinlich nicht mit besonderen Missbrauchsbekämpfungsvorschriften des innerstaatlichen Rechts begegnet werden. Wenngleich nicht auszuschließen ist, dass die Gewährung von Abkommensvergünstigungen in diesen Fällen durch eine allgemeine innerstaatliche Missbrauchsbekämpfungsvorschrift verhindert wird, sieht eine direktere Herangehensweise auch die Erarbeitung von Missbrauchsbekämpfungsvorschriften zur Aufnahme in Abkommen vor. Bei der zweiten Kategorie ist die Sachlage anders: Da in diesen Fällen das innerstaatliche Recht umgangen wird, lässt sich ihnen nicht ausschließlich mit Abkommensbestimmungen begegnen. Vielmehr sind innerstaatliche Missbrauchsbekämpfungsvorschriften erforderlich, was die Frage nach dem Zusammenspiel zwischen Doppelbesteuerungsabkommen und diesen innerstaatlichen Vorschriften aufwirft.

1. *Fälle, in denen eine Person im Abkommen selbst vorgesehene Beschränkungen zu umgehen versucht*

a) Treaty-Shopping

17. Die erste Voraussetzung, die eine Person erfüllen muss, die Vergünstigungen aus einem Doppelbesteuerungsabkommen in Anspruch nehmen möchte, lautet nach Artikel 4 des OECD-Musterabkommens, dass es sich bei ihr um „eine in einem Vertragsstaat ansässige Person" handeln muss. Es gibt eine Reihe von Gestaltungen, mit denen eine nicht in einem Vertragsstaat ansässige Person Vergünstigungen in Anspruch zu nehmen versucht, die einer in diesem Staat ansässigen Person nach einem Doppelbesteuerungsabkommen gewährt werden. Diese Gestaltungen werden in der Regel als „Treaty-Shopping" bezeichnet. An Fällen von Treaty-Shopping sind meist in Drittstaaten ansässige Personen beteiligt, die versuchen, auf Umwegen die Vergünstigungen eines Abkommens zwischen zwei Vertragsstaaten zu erlangen[3].

18. Die OECD hat sich mit dem Thema Treaty-Shopping bereits in unterschiedlichen Zusammenhängen befasst:

- Im Jahr 1977 wurde das Konzept des „Nutzungsberechtigten" in das Musterabkommen eingeführt, um einfachen Fällen von Treaty-Shopping zu begegnen, in denen

Einkünfte an eine in einem Abkommensstaat ansässige zwischengeschaltete Person gezahlt werden, die nicht als steuerlicher Eigentümer dieser Einkünfte gilt (z.B. einen Vertreter oder Bevollmächtigten). Gleichzeitig wurde im Kommentar zu Artikel 1 ein kurzer neuer Abschnitt zu „Abkommensmissbrauch" (mit zwei Beispielen für Treaty-Shopping) hinzugefügt, außerdem erklärte der Ausschuss, er wolle derartige Probleme eingehend untersuchen und weitere Lösungsmöglichkeiten sondieren.

- Im Rahmen dieser eingehenden Untersuchung entstanden die 1986 veröffentlichten Berichte *Double Taxation and the Use of Base Companies* (Doppelbesteuerung und der Gebrauch von Basisgesellschaften) sowie *Double Taxation and the Use of Conduit Companies* (Doppelbesteuerung und der Gebrauch von Durchlaufgesellschaften)[4], von denen sich vor allem der letztere mit dem Thema Treaty-Shopping befasst.
- Aufgrund des Berichts *Double Taxation and the Use of Conduit Companies* wurde im Jahr 1992 der Abschnitt „Abkommensmissbrauch" des Kommentars zu Artikel 1 um mehrere Beispiele für Bestimmungen zu unterschiedlichen Aspekten des Treaty-Shopping ergänzt. Dazu zählten auch die alternativen Bestimmungen, die aktuell in den Ziffern 13 bis 19 des Kommentars zu Artikel 1 unter der Überschrift „Conduit company cases" (Fälle mit Beteiligung von Durchlaufgesellschaften) zu finden sind.
- Im Jahr 2003 wurde aufgrund des Berichts *Restricting the Entitlement to Treaty Benefits* (Einschränkung des Anspruchs auf Abkommensvergünstigungen)[5] (Folgearbeit zum Bericht *Harmful Tax Competition: an Emerging Global Issue* (Schädlicher Steuerwettbewerb: ein neues globales Problem) von 1998)[6] der Kommentar zu den Artikeln 10, 11 und 12 um neue Ziffern ergänzt, mit denen die Bedeutung des Ausdrucks „Nutzungsberechtigter" in bestimmten Durchlaufsituationen näher erläutert werden soll, und der Abschnitt „Abkommensmissbrauch" erheblich erweitert, sodass er seitdem weitere Beispiele für Missbrauchsbekämpfungsvorschriften enthält, u.a. eine umfassende LoB-Klausel auf der Grundlage der entsprechenden Bestimmung im Musterabkommen der Vereinigten Staaten von 1996[7] sowie eine auf den Zweck abstellende Missbrauchsbekämpfungsvorschrift auf der Grundlage der Regelung im Vereinigten Königreich, die auf die Artikel 10, 11, 12 und 21 angewendet werden kann[8].
- Im Zuge einer weitergehenden Klärung des Konzepts des „Nutzungsberechtigten", die zu Änderungen im Kommentar zu den Artikeln 10, 11 und 12 geführt hat, welche im Rahmen der Überarbeitung im Jahr 2014 in das Musterabkommen aufgenommen wurden, hatte die OECD Gelegenheit, die Grenzen der Verwendung dieses Konzepts als Instrument gegen verschiedene Fälle von Treaty-Shopping zu ermitteln. Nach Ziffer 12.5 des Kommentars zu Artikel 10 wird mit dem Konzept des „Nutzungsberechtigten" zwar bestimmten Formen der Steuerumgehung begegnet (nämlich solchen mit Zwischenschaltung eines Empfängers, der zur Weitergabe der Dividende an eine andere Person verpflichtet ist), anderen Fällen von Treaty-Shopping jedoch nicht, weshalb die Ergreifung weiterer Maßnahmen gegen entsprechende Fälle durch dieses Konzept nicht als eingeschränkt gelten darf.

19. Bei Betrachtung der Abkommenspraxis von OECD- und Nicht-OECD-Staaten wird deutlich, dass die einzelnen Staaten Fällen von Treaty-Shopping, die von den Bestimmungen des Musterabkommens noch nicht erfasst sind, auf unterschiedliche Weise zu begegnen versuchen. Ausgehend von den Vorteilen und Grenzen dieser unterschiedlichen Ansätze wird für das Vorgehen gegen Treaty-Shopping die folgende Drei-Punkte-Strategie empfohlen:

- Erstens wird in Doppelbesteuerungsabkommen eine eindeutige Erklärung der das Abkommen schließenden Vertragsstaaten aufgenommen, dass sie die Steuerumgehung und insbesondere die Schaffung von Möglichkeiten für Treaty-Shopping zu vermeiden beabsichtigen (siehe Abschnitt B dieses Berichts).
- Zweitens wird in das OECD-Musterabkommen eine besondere Missbrauchsbekämpfungsvorschrift (die „LoB-Klausel" – *limitation-on-benefits rule*) aufgenommen, die auf den Bestimmungen zur Beschränkung von Abkommensvergünstigungen basiert, die in Abkommen der Vereinigten Staaten und einiger anderer Länder enthalten sind. Mit einer entsprechenden Vorschrift lässt sich anhand der Rechtsnatur, Eigentümerstruktur und allgemeinen Tätigkeiten von in einem Vertragsstaat ansässigen Personen einer Vielzahl von Treaty-Shopping-Fällen begegnen (siehe Abschnitt A Unterabschnitt 1 Buchstabe a Ziffer i dieses Berichts).
- Drittens wird, um auch anderen Formen des Abkommensmissbrauchs begegnen zu können, u.a. Fällen von Treaty-Shopping, die nicht unter die im vorstehenden Punkt genannte LoB-Klausel fallen (z.B. bestimmten Durchlauffinanzierungsgestaltungen), in das OECD-Musterabkommen eine allgemeinere Missbrauchsbekämpfungsvorschrift aufgenommen, die auf den Hauptzweck von Transaktionen und Gestaltungen abstellt (die Hauptzweck-Kriterium- bzw. „PPT"-Klausel – principal purpose test). Durch diese Regelung werden die bereits in die Ziffern 9.5, 22, 22.1 und 22.2 des Kommentars zu Artikel 1 eingeflossenen Grundsätze aufgenommen, nach denen die Vergünstigungen eines Doppelbesteuerungsabkommens nicht verfügbar sein sollten, wenn einer der Hauptzwecke von Gestaltungen oder Transaktionen darin besteht, eine Vergünstigung aus einem Doppelbesteuerungsabkommen zu erlangen, und der Erhalt der Vergünstigung unter diesen Umständen dem Ziel und Zweck der einschlägigen Bestimmungen des Doppelbesteuerungsabkommens widersprechen würde (siehe Abschnitt A Unterabschnitt 1 Buchstabe a Ziffer ii dieses Berichts).

20. Die oben beschriebene Kombination der LoB-Klausel mit der PPT-Klausel trägt der Tatsache Rechnung, dass beide Vorschriften Vor- und Nachteile haben. So beruhen die einzelnen Bestimmungen der LoB-Klausel auf objektiven Kriterien, die mehr Sicherheit bieten als die PPT-Klausel, bei der in jedem Einzelfall geprüft werden muss, was als einer der Hauptzwecke von Transaktionen oder Gestaltungen zu betrachten ist. Daher eignet sich die LoB-Klausel als besondere Missbrauchsbekämpfungsvorschrift für Fälle von Treaty-Shopping, die sich anhand von Kriterien feststellen lassen, die auf der Rechtsnatur, der Eigentümerstruktur und den allgemeinen Tätigkeiten bestimmter Rechtsträger beruhen. Die LoB-Klausel zielt jedoch lediglich auf das Treaty-Shopping ab und nicht auf andere Formen des Abkommensmissbrauchs. Auch bestimmte Arten des Treaty-Shopping werden nicht von ihr erfasst, z.B. Durchlauffinanzierungsgestaltungen, bei denen eine in einem Vertragsstaat ansässige Person, der Abkommensvergünstigungen zustünden, von Personen, die keinen Anspruch auf diese Vergünstigungen haben, als zwischengeschaltete Partei eingesetzt wird.

21. Die Kombination einer LoB-Klausel mit einer PPT-Klausel ist möglicherweise nicht für alle Länder geeignet oder erforderlich. So kann es sein – wie in Ziffer 6 bereits erwähnt –, dass einige Staaten über innerstaatliche Missbrauchsbekämpfungsvorschriften verfügen oder die Gerichte einiger Staaten verschiedene Auslegungsinstrumente entwickelt haben (z.B. wirtschaftliche Substanz, wirtschaftliche Betrachtungsweise), mit denen diversen Arten des Missbrauchs von innerstaatlichen Rechtsvorschriften oder Abkommen wirksam begegnet wird, sodass diese Staaten die allgemeine Bestimmung zur Bekämpfung von Abkommensmissbrauch aus Abschnitt A Unterabschnitt 1 Buchstabe a Ziffer ii eventuell nicht benötigen oder eine enger gefasste Variante dieser Bestimmung bevorzugen. Außerdem werden

zweifellos Anpassungen der LoB-Klausel erforderlich sein, um bestimmten Vorgaben oder politischen Entscheidungen zu anderen Aspekten eines Doppelbesteuerungsabkommens zwischen zwei Vertragsstaaten Rechnung zu tragen (z.B. verfassungsrechtlichen Beschränkungen, EU-rechtlichen Belangen oder politischen Entscheidungen zur Behandlung von Organismen für gemeinsame Anlagen in Wertpapieren (OGAW)).

22. Solange der von den Ländern eingeschlagene Weg dazu führt, dass Fällen von Abkommensmissbrauch im Sinne dieses Berichts wirksam begegnet wird, ist daher eine gewisse Flexibilität möglich. Die Länder sollten sich jedoch mindestens darauf verständigen, eine ausdrückliche Erklärung in ihre Doppelbesteuerungsabkommen aufzunehmen, nach der ihre gemeinsame Absicht darin besteht, Doppelbesteuerung zu beseitigen, ohne dabei Möglichkeiten zur Nicht- oder Niedrigbesteuerung durch Steuerhinterziehung oder -umgehung, u.a. durch Treaty-Shopping-Gestaltungen, zu schaffen (siehe Abschnitt B). Umsetzen sollten sie diese gemeinsame Absicht entweder durch den in Ziffer 19 beschriebenen kombinierten Ansatz (vorbehaltlich der erforderlichen Anpassungen, siehe Ziffer 6), die Aufnahme der PPT-Klausel oder die Aufnahme der LoB-Klausel ergänzt durch einen Mechanismus zur Berücksichtigung von bislang durch ihre Doppelbesteuerungsabkommen nicht abgedeckten Durchlaufgestaltungen (z.B. eine Abkommensbestimmung in Form einer auf Durchlaufgestaltungen beschränkten PPT-Klausel oder innerstaatliche Missbrauchsbekämpfungsvorschriften oder Rechtsgrundsätze, mit denen ein ähnliches Ergebnis erzielt wird).

23. Die Staaten verpflichten sich, in ihre zweiseitigen Abkommen Formulierungen zur Umsetzung des in Ziffer 22 beschriebenen Mindeststandards aufzunehmen, wenn dies von anderen Staaten, die dieselbe Verpflichtung eingegangen sind, gewünscht wird. Wie der Mindeststandard in einem konkreten Abkommen umgesetzt wird, muss zwischen den Vertragsstaaten vereinbart werden; die Verpflichtung gilt allerdings sowohl für bestehende als auch für künftige Abkommen. Da der Abschluss eines neuen sowie die Anpassung eines bestehenden Abkommens vom Gesamtgleichgewicht der Abkommensbestimmungen abhängen, ist dies jedoch nicht als Verpflichtung zum Abschluss neuer Abkommen bzw. zur Änderung bestehender Abkommen innerhalb einer bestimmten Frist zu verstehen. Ebenso wenig ist ein Staat, dessen eigene Besteuerungsrechte als Quellenstaat nicht von den Folgen des Treaty-Shopping betroffen sind, gezwungen, Bestimmungen wie die LoB- oder die PPT-Klausel anzuwenden, solange er zur Aufnahme von Bestimmungen in ein Abkommen bereit ist, die sein Abkommenspartner entsprechend nutzen kann. Zwar soll der Mindeststandard in das multilaterale Instrument aufgenommen werden, das im Zuge von Aktionspunkt 15 des BEPS-Aktionsplans auszuhandeln ist und ein wirksames Mittel zu seiner zügigen Umsetzung darstellen wird, möglicherweise reicht dies jedoch nicht aus, da die Beteiligung am multilateralen Instrument nicht obligatorisch ist und zwei Staaten, zwischen denen ein Abkommen besteht, hinsichtlich der Art und Weise der Erfüllung des Mindeststandards davon abweichende Präferenzen haben können. Daher wird die Umsetzung des Mindeststandards aufmerksam verfolgt werden müssen.

24. Die übrigen in diesem Bericht enthaltenen Änderungen werden ebenfalls zur Verhinderung von Treaty-Shopping beitragen. So stellen die neuen besonderen Vorschriften zur Bekämpfung von Abkommensmissbrauch in Abschnitt A Unterabschnitt 1 Buchstabe b Maßnahmen gegen bestimmte Formen des Treaty-Shopping dar, z.B. Strategien, bei denen eine in einem Niedrigsteuerland gelegene Betriebsstätte zur Ausnutzung der von einem Vertragsstaat anzuwendenden Befreiungsmethode dient. Auch Abschnitt C, der steuerpolitische Überlegungen enthält, die Staaten grundsätzlich anstellen sollten, bevor sie sich für den Abschluss eines Doppelbesteuerungsabkommens mit einem anderen Staat entscheiden, kann dazu beitragen, Möglichkeiten für Treaty-Shopping zu beseitigen. Umgekehrt beschränkt

sich die in Ziffer 19 beschriebene Herangehensweise nicht auf Fälle von Treaty-Shopping und trägt ebenso dazu bei, die Gewährung von Abkommensvergünstigungen in anderen unangemessenen Fällen zu verhindern, insbesondere durch die am Ende der Ziffer genannte allgemeine Vorschrift zur Bekämpfung von Abkommensmissbrauch.

i) *LoB-Klausel*

25. Wie in Ziffer 19 bereits erwähnt, wird in das OECD-Musterabkommen eine besondere Missbrauchsbekämpfungsvorschrift – die LoB-Klausel (*limitation-on-benefits* – Beschränkung von Abkommensvergünstigungen) – aufgenommen, die auf das Treaty-Shopping abzielt. Diese Vorschrift basiert auf Bestimmungen, die in einer Reihe von Doppelbesteuerungsabkommen – überwiegend Abkommen der Vereinigten Staaten, teilweise jedoch auch Abkommen Japans und Indiens – bereits enthalten sind. Die im Folgenden aufgeführte ausführliche Fassung der LoB-Klausel und der dazugehörige Kommentar entsprechen im Wesentlichen der ausführlichen Klausel, die in der ersten Fassung dieses Berichts vom September 2014 enthalten war und nun auf Grundlage der Folgearbeiten zu verschiedenen Aspekten leicht angepasst wurde. Neu hinzugekommen ist eine vereinfachte Fassung der LoB-Klausel, die im Mai 2015 veröffentlicht wurde. Allerdings haben die Vereinigten Staaten Ende Mai 2015 eine Neufassung der LoB-Klausel aus ihrem Musterabkommen[9] mit der Bitte um Stellungnahme bis zum 15. September 2015 bekannt gegeben. Bei der Erörterung dieser Neufassung wurde vereinbart, sich erneut mit ihr zu beschäftigen, sobald die Vereinigten Staaten unter Berücksichtigung der eingegangenen Stellungnahmen eine Endfassung erstellt haben. Daher müssen die ausführliche Fassung der LoB-Klausel und der dazugehörige Kommentar noch einmal geprüft werden. Auch die vereinfachte Fassung der LoB-Klausel wird noch etwas überarbeitet werden, außerdem muss zu ihr noch ein Kommentar verfasst werden. Die Endfassungen der LoB-Klausel und des Kommentars werden im ersten Teil des Jahres 2016 vorliegen, sodass sie bei den Verhandlungen zum multilateralen Instrument, mit dem die Ergebnisse der Arbeiten zu Abkommensfragen im Rahmen des BEPS-Aktionsplans umgesetzt werden sollen, berücksichtigt werden können. Die folgenden Formulierungsvorschläge sind daher als Entwurf zu verstehen, an dem sich noch Änderungen ergeben können:

ARTIKEL X

ANSPRUCH AUF VERGÜNSTIGUNGEN[10]

1.[11] [Bestimmung, nach der einer in einem Vertragsstaat ansässigen Person Abkommensvergünstigungen versagt werden, sofern sie keine „berechtigte Person" im Sinne des Absatzes 2 ist]

2. [Definition von Fällen, in denen eine ansässige Person als berechtigte Person gilt; dazu zählen

- *a)* natürliche Personen;
- *b)* Vertragsstaaten, ihre Gebietskörperschaften und in ihrem Alleineigentum stehende Rechtsträger;
- *c)* bestimmte börsennotierte Rechtsträger und ihre verbundenen Unternehmen;
- *d)* bestimmte gemeinnützige Organisationen und Altersvorsorgefonds;
- *e)* andere Rechtsträger, die bestimmte Beteiligungskriterien erfüllen;
- *f)* bestimmte Organismen für gemeinsame Anlagen in Wertpapieren].

3. [Bestimmung, nach der für bestimmte Einkünfte einer Person, die keine berechtigte Person ist, Abkommensvergünstigungen gewährt werden, wenn die Person in ihrem Ansässigkeitsstaat aktiv eine Geschäftstätigkeit ausübt und die Einkünfte im Zusammenhang mit dieser Geschäftstätigkeit bezogen werden oder mit ihr verbunden sind]

4. [Bestimmung, nach der einer Person, die keine berechtigte Person ist, Abkommensvergünstigungen gewährt werden, wenn mindestens mehr als ein festgelegter Anteil an diesem Rechtsträger bestimmten Personen gehört, die Anspruch auf gleichwertige Vergünstigungen haben]

5. [Bestimmung, nach der die zuständige Behörde eines Vertragsstaats einer Person bestimmte Abkommensvergünstigungen gewähren kann, die ihr nach den Absätzen 1 bis 4 versagt würden]

6. [Begriffsbestimmungen für die Zwecke der Absätze 1 bis 5]

Der Kommentar zum OECD-Musterabkommen wird um folgenden neuen Kommentar zu Artikel [X] ergänzt:

[KOMMENTAR ZU ARTIKEL [X]

BETREFFEND DEN ANSPRUCH AUF ABKOMMENSVERGÜNSTIGUNGEN

Vorbemerkungen

1. Wie in der dazugehörigen Fußnote erläutert, kommt in Artikel [X] die Absicht der Vertragsstaaten zum Ausdruck, eine Doppelbesteuerung zu beseitigen, ohne dabei Möglichkeiten zur Nicht- oder Niedrigbesteuerung durch Steuerhinterziehung oder -umgehung, u.a. durch Treaty-Shopping-Gestaltungen, zu schaffen. Die konkrete Formulierung des Artikels wird jeweils davon abhängen, wie die Vertragsstaaten diese Absicht umsetzen wollen. Je nach den bei ihnen gegebenen Umständen kann es sein, dass Staaten nur die allgemeine Missbrauchsbekämpfungsvorschrift des Absatzes 7 oder stattdessen die im Folgenden aufgeführte ausführliche Fassung der Absätze 1 bis

6, die dann um einen Mechanismus zur Bekämpfung bestimmter Durchlaufgestaltungen ergänzt würde, oder aber die allgemeine Missbrauchsbekämpfungsvorschrift des Absatzes 7 zusammen mit einer im Folgenden aufgeführten Variante der Absätze 1 bis 6 in ihr Abkommen aufnehmen wollen.

2. So könnte sich ein Staat für den letztgenannten Ansatz entscheiden, da dieser die Flexibilität einer allgemeinen Vorschrift, durch die sich eine Vielzahl missbräuchlicher Transaktionen verhindern lässt, mit der Sicherheit einer eher „automatischen" Vorschrift kombiniert, durch die sich Transaktionen verhindern lassen, die bekanntermaßen häufig dem Treaty-Shopping dienen und sich anhand konkreter Merkmale (z.B. ausländischer Beteiligungen an einem Rechtsträger) einfach beschreiben lassen. Diesem letzten Ansatz entspricht die im Folgenden aufgeführte „vereinfachte Fassung" der Absätze 1 bis 6, die ausschließlich in Verbindung mit der allgemeinen Vorschrift des Absatzes 7 verwendet werden sollte. Diese Kombination sollte nicht so ausgelegt werden, als schränkte sie den Geltungsbereich der allgemeinen Missbrauchsbekämpfungsvorschrift des Absatzes 7 ein: Eine Gestaltung oder Transaktion liegt nicht außerhalb des Geltungsbereichs des Absatzes 7, nur weil die besonderen Missbrauchsbekämpfungsvorschriften der Absätze 1 bis 6, die nur bestimmte, anhand konkreter Merkmale einfach identifizierbare Treaty-Shopping-Fälle erfassen, nicht anwendbar sind.

3. Ebenso könnte sich ein Staat entscheiden, auf die allgemeine Missbrauchsbekämpfungsvorschrift des Absatzes 7 zu verzichten und stattdessen mit den besonderen Missbrauchsbekämpfungsvorschriften der Absätze 1 bis 6 sowie einem Mechanismus zur Bekämpfung von Durchlaufgestaltungen, auf die die Absätze 1 bis 6 keine Anwendung finden, gegen Treaty-Shopping vorzugehen. Dies kann bei einem Staat der Fall sein, dessen innerstaatliches Recht bereits wirksame Missbrauchsbekämpfungsvorschriften enthält, die als Maßnahme gegen andere Formen des Abkommensmissbrauchs ausreichen. Staaten, die diesen Ansatz wählen, müssen sicherstellen, dass die Fassung der Absätze 1 bis 6, die sie in ihre zweiseitigen Abkommen aufnehmen, belastbar genug ist, um die meisten Formen des Treaty-Shopping zu verhindern. Daher sind im Folgenden unterschiedliche Fassungen der Absätze 1 bis 6 aufgeführt, von denen die als „ausführliche Fassung" bezeichnete jeweils die belastbarere ist. Staaten, die aus den genannten Gründen auf den Absatz 7 verzichten wollen, sollten die ausführliche Fassung (und nicht die „vereinfachte Fassung") aufnehmen, ggf. mit den im Kommentar dazu beschriebenen Anpassungen.

3.1 Der Artikel enthält Bestimmungen zur Verhinderung verschiedener Formen des Treaty-Shopping, bei denen in einem Vertragsstaat nicht ansässige Personen einen Rechtsträger errichten, der in diesem Staat ansässig ist, um die Besteuerung im anderen Vertragsstaat über die Vergünstigungen aus dem zwischen den beiden Staaten geschlossenen Doppelbesteuerungsabkommen zu mindern oder auszuschließen. Personen, die keinen unmittelbaren Anspruch auf Abkommensvergünstigungen (z.B. die Minderung oder den Wegfall von Abzugsteuern auf Dividenden, Zinsen oder Lizenzgebühren) haben, den mittelbaren Erhalt dieser Vergünstigungen durch Treaty-Shopping zu ermöglichen, würde dem bilateralen und auf Gegenseitigkeit beruhenden Charakter von Doppelbesteuerungsabkommen entgegenstehen. Denn weiß ein Staat beispielsweise, dass die in seinem Gebiet ansässigen Personen die Vergünstigungen aus von einem anderen Staat geschlossenen Abkommen mittelbar beanspruchen können, hat er womöglich wenig Interesse daran, durch den Abschluss eines Doppelbesteuerungsabkommens den in diesem anderen Staat ansässigen Personen entsprechende Vergünstigungen zu gewähren. Ebenso kann es sein, dass die in einem *solchen Fall mittelbar erhaltenen Vergünstigungen angesichts der Beschaffenheit des Steuersystems des erstgenannten Staates nicht angemessen sind: Erhebt dieser Staat beispielsweise auf bestimmte Einkünfte keine Einkommensteuer, wäre es unangemessen, wenn den in seinem Gebiet ansässigen Personen Bestimmungen eines zwischen zwei anderen Staaten geschlossenen Doppelbesteuerungsabkommens zugutekämen, durch die für diese Einkünfte eine Minderung oder ein Wegfall der Quellenbesteuerung gewährt wird und die auf der Annahme beruhen, dass die beiden Vertragsstaaten diese Einkünfte besteuern.*

3.2 Mit dem Artikel sollen im Fall von Konstruktionen, die gewöhnlich zur mittelbaren Gewährung von Abkommensvergünstigungen an Personen führen, die keinen unmittelbaren Anspruch darauf haben, Abkommensvergünstigungen versagt werden, wobei jedoch berücksichtigt wird, dass in einem Vertragsstaat nicht ansässige Personen dort teilweise auch aus legitimen geschäftlichen Gründen einen Rechtsträger errichten. Daher gilt der Artikel zwar unabhängig davon, ob eine bestimmte Konstruktion zum Zweck des Treaty-Shopping geschaffen wurde oder nicht, er sieht jedoch vor, dass die zuständige Behörde eines Vertragsstaats Abkommensvergünstigungen gewähren kann, wenn diese nach den übrigen Bestimmungen des Artikels zwar verweigert würden, sie jedoch feststellt, dass die Konstruktion nicht hauptsächlich dazu dient, Abkommensvergünstigungen zu erhalten.

3.3 Mit dem Artikel wird der allgemeine Geltungsbereich des Artikels 1 eingeschränkt, nach dem das Abkommen für Personen gilt, die in einem Vertragsstaat ansässig sind. Nach Absatz 1 des Artikels X hat eine in einem Vertragsstaat ansässige Person keinen Anspruch auf die Abkommensvergünstigungen, es sei denn, sie ist eine „berechtigte Person" nach Absatz 2 oder die Vergünstigungen werden nach den Absätzen 3, 4 oder 5 gewährt. In Absatz 2 ist anhand einer Auflistung verschiedener Arten bzw. Merkmale von Personen festgelegt, wer als „berechtigte Person" gilt; jede Person, die von diesem Absatz erfasst wird, hat Anspruch auf sämtliche Abkommensvergünstigungen. Nach Absatz 3 hat eine Person hinsichtlich bestimmter Einkünfte auch dann Anspruch auf die Abkommensvergünstigungen, wenn sie keine „berechtigte Person" nach Absatz 2 ist, solange die Einkünfte im Zusammenhang mit einer im Ansässigkeitsstaat der Person aktiv ausgeübten Geschäftstätigkeit bezogen werden (vorbehaltlich bestimmter Ausnahmen). Bei Absatz 4 handelt es sich um eine Bestimmung über „abgeleitete Vergünstigungen", nach der bestimmte Rechtsträger, deren Eigentümer in Drittstaaten ansässig sind, Abkommensvergünstigungen erhalten können, sofern die Eigentümer im Fall einer Direktanlage Anspruch auf gleichwertige Vergünstigungen hätten. Absatz 5 enthält die Bestimmungen, nach denen die zuständige Behörde eines Vertragsstaats Abkommensvergünstigungen gewähren kann, die nach den übrigen Bestimmungen des Artikels verweigert würden. Absatz 6 enthält eine Reihe von Begriffsbestimmungen, die für die Zwecke des Artikels gelten.

Bestimmung, nach der einer in einem Vertragsstaat ansässigen Person Abkommensvergünstigungen versagt werden, sofern sie keine „berechtigte Person" ist

Vereinfachte Fassung

1. Sofern dieser Artikel nichts anderes vorsieht, hat eine in einem Vertragsstaat ansässige Person nur dann Anspruch auf die Vergünstigungen, die anderenfalls durch dieses Abkommen gewährt würden, wenn sie eine berechtigte Person ist.

Ausführliche Fassung

1. Sofern dieser Artikel nichts anderes vorsieht, hat eine in einem Vertragsstaat ansässige Person keinen Anspruch auf eine Vergünstigung, die anderenfalls durch dieses Abkommen gewährt würde (mit Ausnahme von Vergünstigungen nach Artikel 4 Absatz 3, Artikel 9 Absatz 2 und Artikel 25), es sei denn, diese Person ist zu dem Zeitpunkt, zu dem die Vergünstigung gewährt würde, eine „berechtigte Person" im Sinne des Absatzes 2.

Kommentar zur ausführlichen Fassung

4. Nach Absatz 1 hat eine in einem Vertragsstaat ansässige Person im Sinne des Artikels 4 nur dann Anspruch auf die Vergünstigungen, die in einem Vertragsstaat ansässigen Personen anderenfalls nach dem Abkommen gewährt würden, wenn sie eine „berechtigte Person" nach Absatz 2 ist oder die Vergünstigungen nach den Absätzen 3, 4 oder 5 gewährt werden. Die einer in einem Vertragsstaat ansässigen Person anderenfalls nach dem Abkommen gewährten Vergünstigungen umfassen sämtliche Einschränkungen der Besteuerungsrechte der Vertragsstaaten nach den Artikeln 6 bis 21, die Vermeidung der Doppelbesteuerung nach Artikel 23 sowie den Schutz, der den in einem Vertragsstaat ansässigen Personen nach Artikel 24 gewährt wird. Dagegen beschränkt der Artikel nicht die Gewährung von Abkommensvergünstigungen nach Artikel 4 Absatz 3, Artikel 9 Absatz 2, Artikel 25 oder den wenigen Abkommensbestimmungen, nach denen eine Person nicht in einem Vertragsstaat ansässig sein muss, um die durch sie gewährten Vergünstigungen in Anspruch nehmen zu können (z.B. Artikel 24 Absatz 1, soweit dieser für Staatsangehörige gilt, die in keinem der beiden Vertragsstaaten ansässig sind).

5. Der Geltungsbereich der durch das Abkommen gewährten Vergünstigungen wird durch Absatz 1 in keiner Weise ausgeweitet. Somit muss eine in einem Vertragsstaat ansässige Person, die eine „berechtigte Person" nach Absatz 2 ist, die Bedingungen der übrigen Abkommensbestimmungen dennoch erfüllen, um die Vergünstigungen erhalten zu können (z.B. muss die Person der Nutzungsberechtigte von Dividenden sein, damit Artikel 10 Absatz 2 gilt), und die Vergünstigungen können nach geltenden Missbrauchsbekämpfungsvorschriften versagt oder eingeschränkt werden.

6. Absatz 1 greift immer dann, wenn einer in einem Vertragsstaat ansässigen Person nach dem Abkommen anderenfalls eine Vergünstigung gewährt würde. So greift er beispielsweise dann, wenn eine in einem Vertragsstaat ansässige Person Einkünfte bezieht, auf die Artikel 6 anzuwenden ist, wenn an eine in einem Vertragsstaat ansässige Person Dividenden gezahlt werden, auf die Artikel 10 anzuwenden ist, oder wenn Gewinne erzielt werden, auf die Artikel 7 anzuwenden ist. Nach dem Absatz muss die im Vertragsstaat ansässige Person zum betreffenden Zeitpunkt eine „berechtigte Person" im Sinne des Absatzes 2 sein, damit sie Anspruch auf die durch die betreffende Bestimmung gewährte Vergünstigung hat. In einigen Fällen sieht die Definition einer „berechtigten Person" jedoch vor, dass eine in einem Vertragsstaat ansässige Person über einen gewissen Zeitraum hinweg bestimmte Voraussetzungen erfüllen muss, damit sie zu einem gegebenen Zeitpunkt als „berechtigte Person" gilt.

Fälle, in denen eine ansässige Person als berechtigte Person gilt

Vereinfachte Fassung

2. Für die Zwecke dieses Artikels ist eine in einem Vertragsstaat ansässige Person eine berechtigte Person, wenn sie entweder:

Ausführliche Fassung

2. Eine in einem Vertragsstaat ansässige Person ist zu einem Zeitpunkt, zu dem anderenfalls durch das Abkommen eine Vergünstigung gewährt würde, eine berechtigte Person, wenn sie zu diesem Zeitpunkt:

Kommentar zur ausführlichen Fassung

7. Absatz 2 umfasst sechs Buchstaben, in denen jeweils eine Art von ansässiger Person beschrieben wird, die als berechtigte Person gilt.

8. Absatz 2 soll unmittelbar anwendbar sein. Anders als bei Absatz 5, der weiter unten näher erläutert wird, setzt die Inanspruchnahme von Vergünstigungen nach Absatz 2 keine Vorabzusage oder Genehmigung einer zuständigen Behörde voraus. Selbstverständlich können die Steuerbehörden bei nachträglicher Prüfung jedoch feststellen, dass der Steuerpflichtige den Absatz falsch ausgelegt und daher keinen Anspruch auf die betreffenden Vergünstigungen hat.

Natürliche Personen

a) eine natürliche Person ist;

9. In Buchstabe a ist festgelegt, dass jede natürliche Person, die in einem Vertragsstaat ansässig ist, als berechtigte Person gilt. Wie in Ziffer 35 erläutert, ist ein Organismus für gemeinsame Anlagen in Wertpapieren (OGAW) nach einigen Abkommensbestimmungen für die Zwecke der Anwendung des jeweiligen Abkommens wie eine natürliche Person zu behandeln. Ist dies der Fall, gilt ein OGAW somit aufgrund des Buchstabens a als berechtigte Person.

Regierungen

Vereinfachte Fassung

b) dieser Vertragsstaat, eine seiner Gebietskörperschaften, seine Zentralbank oder eine unmittelbar oder mittelbar im Alleineigentum dieses Staates oder einer seiner Gebietskörperschaften stehende Person ist;

Ausführliche Fassung

b) ein Vertragsstaat oder eine seiner Gebietskörperschaften oder eine im Alleineigentum dieses Staates oder dieser Gebietskörperschaft stehende Person ist;

Kommentar zur ausführlichen Fassung

10. In Buchstabe b ist festgelegt, dass die Vertragsstaaten und alle ihre Gebietskörperschaften als berechtigte Personen gelten. Er ist auf jeden Teil eines Staates anzuwenden, z.B. eine Behörde oder Einrichtung, die keine eigenständige Person darstellt. Nach dem letzten Teil von Buchstabe b gilt eine eigenständige juristische Person, die in einem Vertragsstaat ansässig ist und sich im Alleineigentum eines Vertragsstaats oder einer seiner Gebietskörperschaften befindet, ebenfalls als berechtigte Person und

hat somit Anspruch auf sämtliche Abkommensvergünstigungen, solange sie diesen Status innehat. Möglicherweise muss der Wortlaut des Buchstabens noch angepasst werden, um der unterschiedlichen Rechtsnatur, über die staatliche Rechtsträger – z.B. Staatsfonds – in den Vertragsstaaten verfügen können, sowie den unterschiedlichen Auffassungen, die diese Staaten hinsichtlich der Anwendung von Artikel 4 auf diese Rechtsträger vertreten können (siehe Ziffern 6.35 bis 6.39 des Kommentars zu Artikel 1 sowie Ziffern 8.5 bis 8.7 des Kommentars zu Artikel 4), Rechnung zu tragen.

Börsennotierte Gesellschaften und Rechtsträger

Vereinfachte Fassung

c) eine Gesellschaft ist, sofern ihre Hauptaktiengattung regelmäßig an einer oder mehreren anerkannten Börsen gehandelt wird;

d) eine andere Person als eine Gesellschaft ist, sofern ihre Eigentumsrechte regelmäßig an einer oder mehreren anerkannten Börsen gehandelt werden;

Ausführliche Fassung

c) eine Gesellschaft oder ein sonstiger Rechtsträger ist, sofern während des gesamten Veranlagungszeitraums, in den dieser Zeitpunkt fällt,

i) ihre beziehungsweise seine Hauptaktiengattung (und jede Vorzugsaktiengattung) regelmäßig an einer oder mehreren anerkannten Börsen gehandelt wird und entweder

A) diese Hauptaktiengattung vorwiegend an einer oder mehreren anerkannten Börsen in dem Vertragsstaat gehandelt wird, in dem die Gesellschaft beziehungsweise der Rechtsträger ansässig ist, oder

B) der hauptsächliche Ort der Geschäftsleitung und Beherrschung der Gesellschaft beziehungsweise des Rechtsträgers in dem Vertragsstaat liegt, in dem sie beziehungsweise er ansässig ist, oder

ii) mindestens 50 Prozent der Gesamtstimmrechte und des Gesamtwerts der Aktien (und mindestens 50 Prozent jeder Vorzugsaktiengattung) der Gesellschaft beziehungsweise des Rechtsträgers unmittelbar oder mittelbar fünf oder weniger Gesellschaften oder Rechtsträgern gehören, die nach Ziffer i Anspruch auf Vergünstigungen haben[, sofern bei mittelbarer Beteiligung jeder zwischengeschaltete Beteiligte in einem der beiden Vertragsstaaten ansässig ist];

Kommentar zur ausführlichen Fassung

11. Buchstabe c beruht darauf, dass es bei börsennotierten Gesellschaften und gewissen Rechtsträgern in der Regel unwahrscheinlich ist, dass sie zum Zweck des Treaty-Shopping errichtet wurden, da ihre Aktien sich gewöhnlich im Streubesitz befinden. Ziffer i gilt für börsennotierte Gesellschaften und Rechtsträger und Ziffer ii für Tochtergesellschaften börsennotierter Gesellschaften und Rechtsträger. Analog zur Begriffsbestimmung in Absatz 6 Buchstabe h umfasst der Ausdruck „Aktien" für die Zwecke dieses Buchstabens auch vergleichbare Rechte an Rechtsträgern, die keine Gesellschaften sind und auf die dieser Buchstabe anzuwenden ist; dazu zählen beispielsweise öffentlich gehandelte Anteile an einem Trust.

12. *In Ziffer i ist festgelegt, dass in einem Vertragsstaat ansässige Gesellschaften und Rechtsträger zum Zeitpunkt der Gewährung einer Abkommensvergünstigung als berechtigte Personen gelten, wenn während des gesamten Veranlagungszeitraums, in den dieser Zeitpunkt fällt, ihre Hauptaktiengattung und alle Vorzugsaktiengattungen regelmäßig an einer oder mehreren anerkannten Börsen gehandelt werden, sofern sie außerdem mindestens eine der folgenden zusätzlichen Voraussetzungen erfüllen: Entweder die Hauptaktiengattung der Gesellschaft bzw. des Rechtsträgers wird vorwiegend an einer oder mehreren anerkannten Börsen in dem Vertragsstaat gehandelt, in dem sie bzw. er ansässig ist, oder der hauptsächliche Ort der Geschäftsleitung und Beherrschung der Gesellschaft bzw. des Rechtsträgers befindet sich in ihrem bzw. seinem Ansässigkeitsstaat. Durch diese zusätzlichen Voraussetzungen wird berücksichtigt, dass börsennotierte Gesellschaften und Rechtsträger, die formal in einem bestimmten Staat ansässig sind, nicht zwangsläufig eine so enge Beziehung zu diesem Staat haben, dass der Erhalt der Vergünstigungen aus von diesem Staat geschlossenen Abkommen gerechtfertigt wäre. Eine ausreichend enge Beziehung kann dadurch begründet werden, dass die Aktien der börsennotierten Gesellschaften und Rechtsträger vorwiegend an anerkannten Börsen gehandelt werden, die in ihrem Ansässigkeitsstaat gelegen sind. Vor dem Hintergrund, dass die Aktien börsennotierter Gesellschaften, die in einigen Staaten ansässig sind, infolge der Globalisierung der Finanzmärkte häufig an ausländischen Börsen gehandelt werden, kann eine ausreichend enge Beziehung alternativ auch dadurch begründet werden, dass die Geschäftsleitung und Beherrschung der Gesellschaften und Rechtsträger hauptsächlich in ihrem Ansässigkeitsstaat erfolgt.*

13. *Gesellschaften und Rechtsträger, deren Hauptaktiengattung regelmäßig an einer anerkannten Börse gehandelt wird, haben dennoch keinen Anspruch auf Vergünstigungen nach Absatz 2 Buchstabe c, wenn sie über eine Vorzugsaktiengattung verfügen, die nicht regelmäßig an einer anerkannten Börse gehandelt wird.*

14. *Die Ausdrücke „anerkannte Börse", „Hauptaktiengattung" und „Vorzugsaktiengattung" sind in Absatz 6 definiert (siehe unten). Wie in den Begriffsbestimmungen angegeben, ist die Hauptaktiengattung einer Gesellschaft nach Ausschluss besonderer Stimmrechtsaktien zu ermitteln, die zur Errichtung eines „zweifach börsennotierten Unternehmens" (ebenfalls in Absatz 6 definiert) ausgegeben werden.*

15. *Die Voraussetzung, dass ein regelmäßiger Handel stattfinden muss, kann dadurch erfüllt werden, dass ausgegebene Aktien an einer oder mehreren in einem der beiden Staaten gelegenen anerkannten Börsen gehandelt werden. Für die Zwecke dieser Voraussetzung kann der Handel an einer oder mehreren anerkannten Börsen zusammengefasst werden: Somit würden Gesellschaften und Rechtsträger die Voraussetzung erfüllen, wenn ihre Aktien regelmäßig vollständig oder teilweise an einer im anderen Vertragsstaat gelegenen anerkannten Börse gehandelt werden.*

16. *Ziffer i Großbuchstabe A enthält die zusätzliche Voraussetzung, dass die Aktien der Gesellschaft oder des Rechtsträgers vorwiegend an einer oder mehreren im Ansässigkeitsstaat der Gesellschaft bzw. des Rechtsträgers gelegenen Börsen gehandelt werden müssen. In der Regel gilt die Hauptaktiengattung einer Gesellschaft oder eines Rechtsträgers als „vorwiegend" an einer oder mehreren im Ansässigkeitsstaat der Gesellschaft bzw. des Rechtsträgers gelegenen anerkannten Börsen gehandelt, wenn im betreffenden Veranlagungsjahr die Anzahl der Aktien der Hauptaktiengattung der Gesellschaft bzw. des Rechtsträgers, die an diesen Börsen gehandelt werden, die Anzahl der Aktien der Hauptaktiengattung der Gesellschaft bzw. des Rechtsträgers übersteigt, die an anerkannten Börsen in jedem anderen Staat gehandelt werden. Nach Auffassung*

einiger Staaten ist jedoch bereits ausreichend gesichert, dass in einem Vertragsstaat ansässige Gesellschaften oder Rechtsträger nicht zum Zweck des Treaty-Shopping eingesetzt werden, wenn ihre Aktien vorwiegend an anerkannten Börsen in anderen Staaten gehandelt werden (z.B. einem Staat, der dem Europäischen Wirtschaftsraum angehört, in dem durch Börsen- und Wertpapiervorschriften ein Binnenmarkt für den Wertpapierhandel geschaffen wurde). Staaten, die diese Auffassung vertreten, können Ziffer i Großbuchstabe A entsprechend abändern.

17. Ziffer i Großbuchstabe B enthält die alternative Voraussetzung, die für Gesellschaften und Rechtsträger gilt, deren Hauptaktiengattung zwar regelmäßig an anerkannten Börsen gehandelt wird, jedoch nicht vorwiegend an anerkannten Börsen, die in ihrem jeweiligen Ansässigkeitsstaat gelegen sind. Diese Gesellschaften und Rechtsträger können Abkommensvergünstigungen beanspruchen, wenn sich ihr „hauptsächlicher Ort der Geschäftsleitung und Beherrschung" (im Sinne der Definition in Absatz 6 Buchstabe d) in ihrem Ansässigkeitsstaat befindet.

18. Die in Buchstabe c genannten Voraussetzungen müssen während des gesamten Veranlagungszeitraums der Gesellschaft bzw. des Rechtsträgers erfüllt sein. Dabei ist es nicht erforderlich, dass die Aktien der Gesellschaft bzw. des Rechtsträgers an jedem Tag des betreffenden Zeitraums an den betreffenden Börsen gehandelt werden. Damit Aktien als während des gesamten Veranlagungszeitraums regelmäßig an einer oder mehreren Börsen gehandelt gelten, muss mehr als ein sehr geringer Prozentsatz der Aktien an einer ausreichend großen Anzahl von Tagen innerhalb dieses Zeitraums aktiv gehandelt werden. Dieses Kriterium gilt beispielsweise als erfüllt, wenn 10 Prozent der durchschnittlichen Anzahl ausgegebener Aktien einer bestimmten Aktiengattung einer Gesellschaft an 60 Handelstagen innerhalb des Veranlagungszeitraums der Gesellschaft gehandelt wurden. Der Ausdruck „Veranlagungszeitraum" in den Buchstaben c und e bezieht sich auf den Zeitraum, für den im Ansässigkeitsstaat der Gesellschaft bzw. des Rechtsträgers eine jährliche Steuererklärung abgegeben werden muss. Sieht das innerstaatliche Recht der Vertragsstaaten ein dem „Veranlagungszeitraum" entsprechendes Konzept vor, z.B. ein „Steuerjahr", kann der Ausdruck durch dieses andere Konzept ersetzt werden.

19. Nach Buchstabe c Ziffer ii hat eine in einem Vertragsstaat ansässige Gesellschaft Anspruch auf alle Abkommensvergünstigungen, wenn fünf oder weniger börsennotierten Gesellschaften im Sinne der Ziffer i unmittelbar oder mittelbar mindestens 50 Prozent der Gesamtstimmrechte und des Gesamtwerts der Aktien der Gesellschaft (und mindestens 50 Prozent jeder Vorzugsaktiengattung) gehören. Handelt es sich bei den börsennotierten Gesellschaften um mittelbare Beteiligte, muss jede zwischengeschaltete Gesellschaft in einem der Vertragsstaaten ansässig sein. Einige Staaten betrachten diese letzte Voraussetzung allerdings als übermäßig restriktiv und verzichten daher auf sie.

20. Somit hätte beispielsweise eine in einem Vertragsstaat ansässige Gesellschaft, deren gesamte Aktien einer anderen Gesellschaft gehören, die in demselben Staat ansässig ist, Anspruch auf Abkommensvergünstigungen, wenn die Hauptaktiengattung (und jede Vorzugsaktiengattung) der Muttergesellschaft regelmäßig und vorwiegend an einer anerkannten Börse in diesem Vertragsstaat gehandelt wird. Dagegen hätte eine solche Tochtergesellschaft keinen Anspruch auf Vergünstigungen nach Ziffer ii, wenn die börsennotierte Muttergesellschaft in einem Drittstaat und nicht in einem der Vertragsstaaten ansässig wäre. Außerdem müsste in dem Fall, dass eine Muttergesellschaft in einem der Vertragsstaaten nur mittelbar über eine Kette von Tochtergesellschaften an

der Gesellschaft beteiligt ist, jede Tochtergesellschaft in der Kette als zwischengeschaltete Beteiligte in einem der beiden Vertragsstaaten ansässig sein, damit die Gesellschaft das Kriterium nach Ziffer ii erfüllt. Wie in Ziffer 19 bereits erwähnt, vertreten einige Staaten jedoch die Auffassung, dass es im Fall börsennotierter Gesellschaften zur Verhinderung von Treaty-Shopping nicht erforderlich ist, dass jede Tochtergesellschaft in der Kette in einem der beiden Vertragsstaaten ansässig ist; diese Staaten verzichten daher auf diese zusätzliche Bedingung.

Gemeinnützige Organisationen und Altersvorsorgefonds

Ausführliche Fassung

d) eine andere als eine natürliche Person ist, die

i) ein(e) [Auflistung der einschlägigen Organisationen ohne Erwerbszweck der beiden Vertragsstaaten] ist,

ii) ein anerkannter Altersvorsorgefonds ist, sofern mehr als 50 Prozent der Eigentumsrechte an dieser Person natürlichen Personen gehören, die in einem der beiden Vertragsstaaten ansässig sind, oder mehr als [Prozent] der Eigentumsrechte an dieser Person natürlichen Personen gehören, die in einem der beiden Vertragsstaaten oder in einem anderen Staat ansässig sind, in Bezug auf den folgende Voraussetzungen erfüllt sind:

A) natürliche Personen, die in dem anderen Staat ansässig sind, haben Anspruch auf die Vergünstigungen eines umfassenden Doppelbesteuerungsabkommens zwischen dem anderen Staat und dem Staat, bei dem die Vergünstigungen des vorliegenden Abkommens geltend gemacht werden, und

B) hinsichtlich der in den Artikeln 10 und 11 genannten Einkünfte hätte die Person, wenn sie in dem anderen Staat ansässig wäre und Anspruch auf alle Vergünstigungen des anderen Abkommens hätte, in Bezug auf die bestimmte Einkunftsart, für die nach dem vorliegenden Abkommen Vergünstigungen geltend gemacht werden, nach jenem Abkommen Anspruch auf einen mindestens ebenso niedrigen Steuersatz wie den nach dem vorliegenden Abkommen geltenden Satz, oder

iii) gegründet wurde und betrieben wird, um für die unter Ziffer ii genannten Personen Mittel anzulegen, sofern im Wesentlichen alle Einkünfte dieser Person aus Anlagen stammen, die zugunsten jener Personen getätigt wurden;

Kommentar zur ausführlichen Fassung

21. In Absatz 2 Buchstabe d ist geregelt, dass bestimmte Organisationen ohne Erwerbszweck und Altersvorsorgefonds, die als in einem Vertragsstaat ansässig gelten (siehe Ziffern 8.6 und 8.7 des Kommentars zu Artikel 4), Anspruch auf alle Abkommensvergünstigungen haben.

22. In Ziffer i aufgeführte Rechtsträger haben unabhängig von der Ansässigkeit ihrer Begünstigten oder Mitglieder automatisch Anspruch auf Abkommensvergünstigungen. Diese Rechtsträger entsprechen in der Regel Rechtsträgern, die in ihrem Ansässigkeitsstaat von der Steuer befreit sind und ausschließlich zur Erfüllung bestimmter gesellschaftlicher Aufgaben (z.B. gemeinnütziger, wissenschaftlicher, künstlerischer, kultureller oder erzieherischer Art) gegründet und betrieben werden.

23. Nach Ziffer ii hat ein inlandsansässiger Altersvorsorgefonds Anspruch auf Abkommensvergünstigungen, sofern mehr als 50 Prozent der Eigentumsrechte an dieser Person natürlichen Personen gehören, die in einem der beiden Vertragsstaaten ansässig sind, oder aber mehr als ein im Rahmen der bilateralen Verhandlungen festzulegender bestimmter Prozentsatz dieser Eigentumsrechte natürlichen Personen gehört, die in einem der beiden Vertragsstaaten oder in Drittstaaten ansässig sind, wobei in letzterem Fall zwei zusätzliche Voraussetzungen erfüllt sein müssen: Erstens müssen diese natürlichen Personen Anspruch auf die Vergünstigungen eines umfassenden Doppelbesteuerungsabkommens zwischen dem Drittstaat und dem Quellenstaat haben und zweitens muss das betreffende Doppelbesteuerungsabkommen eine mindestens ebenso hohe Ermäßigung der Quellensteuern auf von Altersvorsorgefonds des Drittstaats bezogene Zinsen und Dividenden vorsehen. In dieser Bestimmung bezieht sich der Ausdruck „Eigentumsrechte an dieser Person" auf die Rechte von Personen, die Anspruch auf Ruhegehaltsleistungen aus dem Fonds haben. Einige Staaten sind allerdings der Ansicht, dass das Risiko des Treaty-Shopping durch anerkannte Altersvorsorgefonds nicht die Befolgungskosten rechtfertigt, die durch die Verpflichtung der Fonds zur Feststellung der abkommensrechtlichen Ansässigkeit und Berechtigung der natürlichen Personen mit Anspruch auf Ruhegehaltsleistungen entstehen. Staaten, die diese Auffassung vertreten, können Ziffer ii entsprechend abändern.

24. Ziffer iii ist eine Erweiterung der für Altersvorsorgefonds geltenden Ziffer ii. Sie gilt für sogenannte „Dachfonds", die Personen, die in einem der beiden Vertragsstaaten ansässig sind, nicht unmittelbar Ruhegehaltsleistungen bereitstellen, sondern dazu gegründet und betrieben werden, Mittel von Altersvorsorgefonds anzulegen, die nach Ziffer ii selbst Anspruch auf Vergünstigungen haben. Ziffer iii findet jedoch nur Anwendung, sofern im Wesentlichen alle Einkünfte eines solchen „Dachfonds" aus Anlagen stammen, die zugunsten von Altersvorsorgefonds getätigt wurden, die nach Ziffer ii Anspruch auf Vergünstigungen haben.

Beteiligung / Gewinnverkürzung

Vereinfachte Fassung

e) eine andere als eine natürliche Person ist, sofern mehr als 50 Prozent der Eigentumsrechte der Person unmittelbar oder mittelbar in diesem Vertragsstaat ansässigen Personen gehören, die aufgrund der Buchstaben a bis d berechtigte Personen sind;

Ausführliche Fassung

e) eine andere als eine natürliche Person ist, sofern

i) an mindestens der Hälfte der Tage des Veranlagungszeitraums, in den dieser Zeitpunkt fällt, Anteile in Höhe von mindestens 50 Prozent der Gesamtstimmrechte und des Gesamtwerts (und mindestens 50 Prozent jeder Vorzugsaktiengattung) der Person unmittelbar oder mittelbar in diesem Vertragsstaat ansässigen Personen gehören, die nach Buchstabe a, b oder d oder nach Buchstabe c Ziffer i Anspruch auf die Vergünstigungen dieses Abkommens haben, [sofern bei mittelbarer Beteiligung jeder zwischengeschaltete Beteiligte in diesem Vertragsstaat ansässig ist,] und

ii) weniger als 50 Prozent der im Vertragsstaat der Ansässigkeit der Person ermittelten Bruttoeinkünfte der Person in dem Veranlagungszeitraum, in den dieser Zeitpunkt fällt, in Form von Zahlungen, die für Zwecke der unter *das Abkommen fallenden Steuern in diesem Vertragsstaat der Ansässigkeit abzugsfähig sind (ausgenommen im Rahmen der ordentlichen Geschäftstätigkeit geleistete fremdvergleichskonforme Zahlungen für Dienstleistungen oder materielle Wirtschaftsgüter), unmittelbar oder mittelbar Personen gezahlt werden oder zufließen, die nicht in einem der beiden Vertragsstaaten ansässige Personen mit Anspruch auf die Vergünstigungen dieses Abkommens nach Buchstabe a, b oder d oder nach Buchstabe c Ziffer i sind;*

Kommentar zur ausführlichen Fassung

25. Buchstabe e sieht eine zusätzliche Möglichkeit zur Erfüllung der Anspruchsvoraussetzungen für Abkommensvergünstigungen vor, die für sämtliche Arten von in einem Vertragsstaat ansässigen juristischen Personen gilt. Die Vorgaben zu den Kriterien der Beteiligung und Gewinnverkürzung nach Buchstabe e müssen beide erfüllt sein, damit die ansässige Person nach diesem Buchstaben Anspruch auf Abkommensvergünstigungen hat.

26. Nach Ziffer i, in der es um das Kriterium der Beteiligung geht, müssen an mindesens der Hälfte der Tage des Veranlagungszeitraums der Person mindestens 50 Prozent jeder Anteilsgattung der Person unmittelbar oder mittelbar Personen gehören, die im gleichen Vertragsstaat ansässig sind wie die Person und die nach Buchstabe a, b oder d oder nach Buchstabe c Ziffer i selbst Anspruch auf Abkommensvergünstigungen haben. Bei mittelbaren Beteiligten muss jedoch jeder zwischengeschaltete Beteiligte in diesem Vertragsstaat ansässig sein. Einige Staaten betrachten diese letzte Bedingung allerdings als übermäßig restriktiv und verzichten daher auf sie.

27. Während Ziffer i in der Regel bei nicht börsennotierten Körperschaften des privaten Rechts Anwendung findet, kann sie auch für einen Rechtsträger wie z.B. einen Trust gelten, der in einem Vertragsstaat ansässig ist und ansonsten die Voraussetzungen dieser Ziffer erfüllt. Nach Absatz 6 Buchstabe h bedeutet der Verweis auf „Anteile" bei Rechtsträgern, die keine Gesellschaften sind, mit Anteilen vergleichbare Rechte. Bei einem Trust wären dies in der Regel die Rechte der Begünstigten. Im Sinne der Ziffer i gelten die Rechte der Begünstigten eines Trusts als ihnen entsprechend ihrem jeweiligen versicherungsmathematischen Anteil am Trust gehörend. Das Recht eines Begünstigten, der Anspruch auf den verbleibenden Teil eines Trusts hat, entspricht 100 Prozent abzüglich der gesamten Prozentsätze der Einkommensbegünstigten. Das Recht eines Begünstigten an einem Trust gilt nicht als einer Person gehörend, die nach den sonstigen Bestimmungen des Absatzes 2 Anspruch auf Vergünstigungen hat, sofern der versicherungsmathematische Anteil des Begünstigten nicht bestimmt werden kann. Ist letzteres der Fall, kann das Kriterium der Beteiligung nach Ziffer i folglich nicht erfüllt werden, es sei denn, sämtliche möglichen Begünstigten sind Personen, die nach den sonstigen Buchstaben des Absatzes 2 Anspruch auf Vergünstigungen haben.

28. Ziffer ii, in der es um das Kriterium der Gewinnverkürzung geht, ist in Bezug auf eine Person erfüllt, wenn weniger als 50 Prozent ihrer nach dem Steuerrecht ihres Ansässigkeitsstaats ermittelten Bruttoeinkünfte aus dem Veranlagungszeitraum in Form von Zahlungen, die für Steuerzwecke im Ansässigkeitsstaat des Zahlungsleisters abzugsfähig sind, Personen gezahlt werden oder zufließen, die nicht in einem der beiden Vertragsstaaten ansässige Personen mit Anspruch auf die Vergünstigungen dieses Abkommens nach Buchstabe a, b oder d oder nach Buchstabe c Ziffer i sind.

29. Im Sinne des Kriteriums in Ziffer ii beinhalten abzugsfähige (d.h. gewinnverkürzende) Zahlungen keine im Rahmen der ordentlichen Geschäftstätigkeit geleisteten fremdvergleichskonformen Zahlungen für Dienstleistungen oder materielle Wirtschaftsgüter. Soweit sie nach dem Steuerrecht des Ansässigkeitsstaats der Person von der Bemessungsgrundlage abzugsfähig sind, stellen Ausschüttungen eines Trusts gewinnverkürzende Zahlungen dar. Abzüge für Abschreibungen, die keine an andere Personen geleisteten oder anderen Personen zufließenden Zahlungen darstellen, werden für Zwecke der Ziffer ii nicht berücksichtigt. Einkünfte, die im Quellenstaat voll besteuert werden, sollten nicht als gewinnverkürzende Zahlungen betrachtet werden, selbst wenn sie vom Zahlungsleister abgezogen werden können. So ist die Zahlung eines „Konzernbeitrags", der von einer in einem Vertragsstaat ansässigen Gesellschaft an die im selben Staat ansässige Betriebsstätte einer auslandsansässigen und demselben Konzern angehörenden Gesellschaft geleistet wird, nicht zu berücksichtigen, da diese Zahlung im selben Staat, in dem sie abgezogen würde, zu versteuern wäre.

30. Gemäß den in Buchstabe e enthaltenen Kriterien der Beteiligung und Gewinnverkürzung ist eine Ermittlung für jeden Veranlagungszeitraum des Rechtsträgers erforderlich. Werden diese Kriterien in einem bestimmten Veranlagungszeitraum erfüllt, stellt der Rechtsträger zu jedem Zeitpunkt innerhalb des Veranlagungszeitraums eine berechtigte Person dar. Der Veranlagungszeitraum, auf den sich Buchstabe e bezieht, wird nach dem Steuerrecht des Ansässigkeitsstaats des Rechtsträgers festgesetzt.

Organismen für gemeinsame Anlagen in Wertpapieren – Buchstabe f

Ausführliche Fassung

f) [mögliche Bestimmung zu Organismen für gemeinsame Anlagen in Wertpapieren][1]

[Fußnote 1]. Der Wortlaut (oder die Auslassung) dieses Buchstabens sollte auf der Behandlung von Organismen für gemeinsame Anlagen in Wertpapieren im Abkommen sowie deren Nutzung und Behandlung in den einzelnen Vertragsstaaten beruhen: siehe den Kommentar zu diesem Buchstaben sowie die Ziffern 6.4 bis 6.38 des Kommentars zu Artikel 1.

Kommentar zur ausführlichen Fassung

31. Ob und, wenn ja, mit welchem Wortlaut eine konkrete Bestimmung zu Organismen für gemeinsame Anlagen in Wertpapieren (OGAW) in Absatz 2 aufgenommen werden sollte, hängt gemäß der Fußnote zu Buchstabe f von der Anwendung des Abkommens auf OGAW und der Behandlung und Nutzung von OGAW in den einzelnen Vertragsstaaten ab. Häufig bedarf es einer konkreten Bestimmung dieser Art, weil ein OGAW unter Umständen weder nach den sonstigen Bestimmungen des Absatzes 2 noch nach Absatz 3 eine berechtigte Person ist, da oft

- die Anteile an dem OGAW nicht öffentlich gehandelt werden (obwohl sie breit vertrieben werden);
- diese Anteile von in Drittstaaten ansässigen Personen gehalten werden;
- die Ausschüttungen des OGAW abzugsfähige Zahlungen darstellen; und
- der OGAW für Anlagezwecke anstatt für eine aktive Geschäftstätigkeit im Sinne des Absatzes 3 genutzt wird.

32. In den Ziffern 6.8 bis 6.34 des Kommentars zu Artikel 1 werden zahlreiche Faktoren erörtert, die zur Feststellung der Abkommensberechtigung von OGAW berück-

sichtigt werden sollten. Diese Ziffern sind somit relevant für die Entscheidung, ob und mit welchem Wortlaut eine Bestimmung zu OGAW in Absatz 2 aufgenommen werden sollte. Sie beinhalten alternative Bestimmungen, die zur angemessenen Behandlung der OGAW in den einzelnen Vertragsstaaten angewendet werden können. Wie nachstehend erläutert, können diese Bestimmungen die Aufnahme einer konkreten Bestimmung zu OGAW in Absatz 2 überflüssig machen, wobei in diesem Fall die Anpassung der Begriffsbestimmung von „gleichberechtigter Begünstigter" – sofern der Ausdruck in einer dieser alternativen Bestimmungen verwendet wird – an die in Absatz 6 enthaltene Begriffsbestimmung gewährleistet sein muss.

33. Sofern Buchstabe f aufgenommen wird, werden davon Fälle erfasst, in denen ein Vertragsstaat zustimmt, dass im anderen Vertragsstaat niedergelassene OGAW nach den Ziffern 6.9 bis 6.12 des Kommentars zu Artikel 1 als im anderen Staat ansässig gelten (diese Zustimmung kann nach Ziffer 6.16 des Kommentars zu Artikel 1 in Form einer Verständigungsvereinbarung erfolgen oder aus Gerichtsentscheidungen oder Verwaltungserlassen hervorgehen). Der Artikel einschließlich des Buchstabens f findet keine Anwendung bei einem OGAW, der nach den Ziffern 6.9 bis 6.12 des Kommentars zu Artikel 1 nicht als in einem Vertragsstaat ansässig gilt. Buchstabe f findet ebenfalls keine Anwendung, wenn sich die Abkommensberechtigung eines OGAW aus einer Abkommensbestimmung ergibt, die mit einer der alternativen Bestimmungen in den Ziffern 6.17, 6.21, 6.26, 6.27 und 6.32 des Kommentars zu Artikel 1 vergleichbar ist.

34. Wie in den Ziffern 6.19 und 6.20 des Kommentars zu Artikel 1 erläutert, sollten Vertragsstaaten, die sich der Frage des Anspruchs von OGAW auf Abkommensvergünstigungen annehmen möchten, die wirtschaftlichen Merkmale der verschiedenen in den einzelnen Vertragsstaaten eingesetzten Arten von OGAW prüfen, einschließlich der Möglichkeit ihrer Nutzung für Treaty-Shopping.

35. Sie könnten infolge dieser Analyse zu dem Schluss kommen, dass die steuerliche Behandlung der in den beiden Staaten niedergelassenen OGAW keinen Anlass zur Sorge in Bezug auf Treaty-Shopping gibt, und beschließen, die alternative Bestimmung aus Ziffer 6.17 des Kommentars zu Artikel 1 in ihr zweiseitiges Abkommen aufzunehmen. Diese Bestimmung sieht die Abkommensberechtigung der in den einzelnen Staaten niedergelassenen OGAW ausdrücklich vor und gewährleistet gleichzeitig, dass sie nach Absatz 2 Buchstabe a berechtigte Personen darstellen (da ein unter die alternative Bestimmung fallender OGAW als natürliche Person gilt). In diesem Fall sollte auf Buchstabe f verzichtet werden. Staaten, die ebenfalls der Ansicht sind, dass die in den beiden Staaten niedergelassenen OGAW keinen Anlass zur Sorge in Bezug auf Treaty-Shopping geben, die alternative Bestimmung aus Ziffer 6.17 des Kommentars zu Artikel 1 jedoch nicht in ihr Abkommen aufnehmen, sollten sicherstellen, dass sämtliche in einem Vertragsstaat ansässigen OGAW berechtigte Personen darstellen. In diesem Fall sollte Buchstabe f wie folgt lauten:

> f) ein OGAW ist. [In Absatz 6 Buchstabe e würde eine Begriffsbestimmung von OGAW eingefügt.]

36. Die Vertragsstaaten könnten jedoch zu dem Schluss kommen, dass in Drittstaaten ansässige Personen durch OGAW Abkommensvergünstigungen erhalten können, die im Fall einer Direktanlage nicht zur Verfügung stünden, weshalb sie möglicherweise einen Wortlaut des Buchstabens f bevorzugen, der gewährleistet, dass ein in einem Vertragsstaat ansässiger OGAW eine berechtigte Person darstellt, jedoch nur soweit die Eigentumsrechte an dem OGAW gleichberechtigten Begünstigten gehören. In diesem Fall sollte Buchstabe f wie folgt lauten:

f) ein Organismus für gemeinsame Anlagen in Wertpapieren ist, jedoch nur soweit die Eigentumsrechte an dem OGAW zu diesem Zeitpunkt Personen mit Ansässigkeit in dem Vertragsstaat, in dem der Organismus für gemeinsame Anlagen in Wertpapieren niedergelassen ist, oder gleichberechtigten Begünstigten gehören.

37. Diese Behandlung entspricht der Behandlung im Fall, dass in ein Doppelbesteuerungsabkommen eine mit der alternativen Bestimmung in Ziffer 6.21 des Kommentars zu Artikel 1 vergleichbare Bestimmung aufgenommen wird. Wie in den Ziffern 6.18 bis 6.24 des Kommentars zu Artikel 1 erläutert, würde die Aufnahme einer alternativen Bestimmung dieser Art eine umfassendere Antwort auf Abkommensfragen im Zusammenhang mit OGAW darstellen, da sie auf die Treaty-Shopping-Problematik eingehen und gleichzeitig die Behandlung von OGAW in beiden Vertragsstaaten gemäß Doppelbesteuerungsabkommen klarstellen würde. Durch die Aufnahme dieser alternativen Bestimmung in ein Doppelbesteuerungsabkommen wäre Buchstabe f für die unter diese Bestimmung fallenden OGAW nicht erforderlich: Da gemäß dieser alternativen Bestimmung ein unter sie fallender OGAW als natürliche Person gilt (soweit die Eigentumsrechte an diesem OGAW gleichberechtigten Begünstigten gehören), stellt dieser OGAW nach Absatz 2 Buchstabe a eine berechtigte Person dar.

38. Gemäß dem in den zwei vorstehenden Ziffern sowie dem in den Ziffern 6.21, 6.26 und 6.28 des Kommentars zu Artikel 1 beschriebenen Ansatz muss der OGAW bei Inanspruchnahme einer Vergünstigung im Zusammenhang mit bestimmten Einkünften den Anteil der Inhaber von Anteilen feststellen, die im Fall einer Direktanlage Anspruch auf Vergünstigungen hätten. Wie in Ziffer 6.29 des Kommentars zu Artikel 1 erwähnt, wechseln die Inhaber von Anteilen an OGAW jedoch regelmäßig und die Anteile werden häufig über Intermediäre gehalten. Deswegen kennen der OGAW und seine Verwalter die Namen und den Abkommensstatus der Nutzungsberechtigten der Anteile häufig selbst nicht. Dem OGAW ist es daher nicht möglich, diese Informationen jedes Mal, wenn er Einkünfte bezieht, von den betreffenden Intermediären zu beschaffen. Die Vertragsstaaten sollten daher offen gegenüber zweckmäßigen und verlässlichen Ansätzen sein, die eine tägliche Ermittlung dieser Art nicht erfordern. Wie in Ziffer 6.31 des Kommentars zu Artikel 1 erwähnt, dürfte sich der Anteil der Anleger des OGAW verhältnismäßig langsam verändern, selbst wenn sich die Identität einzelner Anleger täglich ändert. Aus diesem Grund sollte regelmäßig festgestellt werden, inwieweit die Eigentumsrechte an einem OGAW gleichberechtigten Begünstigten gehören, wobei die zu einem gegebenen Zeitpunkt vorgenommene Feststellung für bis zur nächsten Feststellung erhaltene Zahlungen gelten sollte. Dies entspricht dem in Ziffer 6.31 des Kommentars zu Artikel 1 erläuterten Ansatz, dem zufolge

> *... es sinnvoll wäre, wenn der OGAW zu bestimmten Zeitpunkten Informationen von anderen Intermediären beschaffen müsste, durch die er den Anteil der abkommensberechtigten Anleger feststellen kann. Die Beschaffung dieser Informationen könnte zum Ende eines Kalender- oder Steuerjahrs oder, sollten die Marktbedingungen auf häufig wechselnde Inhaber hindeuten, häufiger vorgeschrieben sein, jedoch nicht häufiger als zum Ende eines jeden Kalenderquartals. Auf der Grundlage eines Durchschnitts dieser Zahlen über einen vereinbarten Zeitraum könnte der OGAW dann einen Anspruch geltend machen. Bei der Umsetzung entsprechender Verfahren müssten die Feststellungstermine sorgfältig gewählt werden, damit der OGAW genügend Zeit zur Aktualisierung der anderen Zahlungsleistern bereitgestellten Informationen hat, sodass am Anfang des betreffenden Zeitraums der korrekte Betrag einbehalten wird.*

39. In Ziffer 6.26 des Kommentars zu Artikel 1 wird ein weiterer Standpunkt erläutert, den die Vertragsstaaten in Bezug auf OGAW einnehmen können. Die Vertragsstaaten, die diesen Standpunkt einnehmen, möchten möglicherweise, dass ein in einem Vertragsstaat ansässiger OGAW gemäß dem Wortlaut des Buchstabens f nur eine berechtigte Person darstellt, soweit die Eigentumsrechte an diesem OGAW Personen gehören, die in dem Vertragsstaat ansässig sind, in dem der OGAW niedergelassen ist. In diesem Fall sollte Buchstabe f wie folgt lauten:

f) ein Organismus für gemeinsame Anlagen in Wertpapieren ist, jedoch nur soweit die Eigentumsrechte an dem Organismus für gemeinsame Anlagen in Wertpapieren zu diesem Zeitpunkt Personen gehören, die in dem Vertragsstaat ansässig sind, in dem der Organismus für gemeinsame Anlagen in Wertpapieren niedergelassen ist.

Da mit der Aufnahme der alternativen Bestimmung aus Ziffer 6.26 des Kommentars zu Artikel 1 in ein Abkommen in Bezug auf unter sie fallende OGAW dasselbe Ergebnis erzielt würde, wäre Buchstabe f hinsichtlich der betreffenden OGAW in diesem Fall nicht erforderlich.

40. Bei einer Variante des vorstehenden Ansatzes stellt ein in einem Vertragsstaat ansässiger OGAW eine berechtigte Person dar, sofern die Mehrheit der Eigentumsrechte an diesem OGAW natürlichen Personen gehört, die in dem Vertragsstaat ansässig sind, in dem der OGAW niedergelassen ist. Dies könnte durch Verzicht auf Buchstabe f und schlichte Anwendung von Absatz 2 Buchstabe e (Kriterien der Beteiligung und Gewinnverkürzung) erzielt werden.

41. Denkbar wäre ein weiterer Standpunkt, bei dem die Vertragsstaaten zu dem Schluss kommen, dass die Abkommensberechtigung eines wesentlichen Anteils der Anleger des OGAW ausreichend Schutz vor Treaty-Shopping bietet und dass es daher angezeigt ist, eine Beteiligungsschwelle einzuführen, oberhalb derer in Bezug auf sämtliche von einem OGAW bezogenen Einkünfte Vergünstigungen gewährt würden. Dies wäre durch die alternative Bestimmung in Ziffer 6.27 des Kommentars zu Artikel 1 gewährleistet. Würden die Vertragsstaaten diese Bestimmung in ihr zweiseitiges Abkommen aufnehmen, wäre Buchstabe f in Bezug auf die unter sie fallenden OGAW nicht erforderlich. Wird diese Bestimmung nicht in das Abkommen aufgenommen, könnte der Geltungsbereich des Buchstabens f im Sinne eines vergleichbaren Ergebnisses wie folgt erweitert werden: „ein Organismus für gemeinsame Anlagen in Wertpapieren ist, jedoch nur, wenn [ ] Prozent der Eigentumsrechte an dem Organismus für gemeinsame Anlagen in Wertpapieren Personen mit Ansässigkeit in dem Vertragsstaat, in dem der Organismus für gemeinsame Anlagen in Wertpapieren niedergelassen ist, und gleichberechtigten Begünstigten gehören".

42. Die Vertragsstaaten können auch die alternative Bestimmung in Ziffer 6.32 des Kommentars zu Artikel 1 verwenden, sofern sie der Ansicht sind, dass ein öffentlich gehandelter Organismus für gemeinsame Anlagen in Wertpapieren nicht wirksam für Treaty-Shopping genutzt werden kann, weil dessen Anteilsinhaber ihn nicht einzeln beherrschen können. In diesem Fall wäre Buchstabe f in Bezug auf die OGAW, die unter die alternative Bestimmung fallen, nicht erforderlich. Bei Staaten, die diese Ansicht teilen, die alternative Bestimmung jedoch nicht in ihr Abkommen aufgenommen haben, könnte Buchstabe f wie folgt lauten:

f) ein Organismus für gemeinsame Anlagen in Wertpapieren ist, sofern seine Hauptaktiengattung an einer anerkannten Börse notiert ist und regelmäßig gehandelt wird.

43. Schließlich möchten, wie in Ziffer 6.25 des Kommentars zu Artikel 1 erläutert, Staaten, die die darin beschriebenen Bedenken über einen möglichen Steueraufschub im Zusammenhang mit OGAW teilen, die nicht bzw. niedrig besteuert werden und ihre Einkünfte thesaurieren können, statt sie auf laufender Basis auszuschütten, möglicherweise Bestimmungen aushandeln, wonach Vergünstigungen nur OGAW gewährt werden, die ihre Einkünfte auf laufender Basis ausschütten müssen. Je nach Wortlaut dieser Bestimmungen ist Buchstabe f möglicherweise nicht erforderlich.

Aktive Geschäftstätigkeit

Vereinfachte Fassung

4. a) Eine in einem Vertragsstaat ansässige Person, die weder eine berechtigte Person ist noch nach Absatz 3 Anspruch auf eine Vergünstigung hat, die anderenfalls durch dieses Abkommen für Einkünfte gewährt würde, hat gleichwohl Anspruch auf diese Vergünstigung, wenn sie im erstgenannten Vertragsstaat eine Geschäftstätigkeit ausübt (mit Ausnahme der Vornahme oder Verwaltung von Kapitalanlagen für eigene Rechnung, es sei denn, die Geschäftstätigkeit wird von einer Bank, einer Versicherungsgesellschaft, einem zugelassenen Wertpapierhändler oder einer anderen von den Vertragsstaaten festgelegten Einrichtung ausgeübt) und die Einkünfte im Zusammenhang mit dieser Geschäftstätigkeit bezogen werden oder mit ihr verbunden sind.

b) Bezieht eine in einem Vertragsstaat ansässige Person Einkünfte aus einer im anderen Vertragsstaat von ihr ausgeübten Geschäftstätigkeit oder bezieht sie im anderen Vertragsstaat erzielte Einkünfte von einem mit ihr verbundenen Unternehmen, so gelten die in Buchstabe a genannten Voraussetzungen nur dann als für diese Einkünfte erfüllt, wenn die von dieser Person im erstgenannten Vertragsstaat ausgeübte Geschäftstätigkeit im Verhältnis zu der von ihr oder dem verbundenen Unternehmen im anderen Vertragsstaat ausgeübten Geschäftstätigkeit erheblich ist. Ob eine Geschäftstätigkeit im Sinne dieses Buchstabens erheblich ist, wird anhand aller Tatsachen und Umstände festgestellt.

c) Im Sinne dieses Absatzes gelten die Geschäftstätigkeit einer Personengesellschaft, bei der eine Person Gesellschafter ist, und die Geschäftstätigkeit von mit einer Person verbundenen Unternehmen als Geschäftstätigkeit dieser Person.

Ausführliche Fassung

3. a) Eine in einem Vertragsstaat ansässige Person hat unabhängig davon, ob sie eine berechtigte Person ist, Anspruch auf Vergünstigungen dieses Abkommens für Einkünfte aus dem anderen Vertragsstaat, wenn sie im erstgenannten Vertragsstaat aktiv eine Geschäftstätigkeit ausübt (mit Ausnahme der Vornahme oder Verwaltung von Kapitalanlagen für eigene Rechnung, es sei denn, es handelt sich dabei um Bank-, Versicherungs- oder Wertpapiergeschäfte einer Bank oder [Auflistung bankenähnlicher Finanzinstitute, die die Vertragsstaaten einvernehmlich als solche betrachten], eines Versicherungsunternehmens beziehungsweise eines zugelassenen Wertpapierhändlers) und die Einkünfte aus dem anderen Vertragsstaat im Zusammenhang mit dieser Geschäftstätigkeit bezogen werden oder mit ihr verbunden sind.

b) Bezieht eine in einem Vertragsstaat ansässige Person Einkünfte aus einer im anderen Vertragsstaat von ihr ausgeübten Geschäftstätigkeit oder bezieht sie im anderen Vertragsstaat erzielte Einkünfte von einem verbundenen Unternehmen, so gelten die Voraussetzungen nach Buchstabe a nur dann als für diese Einkünfte erfüllt, wenn die von dieser Person im erstgenannten Vertragsstaat ausgeübte Geschäftstätigkeit im Verhältnis zu der von ihr oder dem verbundenen Unternehmen im anderen Vertragsstaat ausgeübten Geschäftstätigkeit erheblich ist. Ob eine Geschäftstätigkeit im Sinne dieses Absatzes erheblich ist, wird anhand aller Tatsachen und Umstände festgestellt.

c) Für die Anwendung dieses Absatzes gelten Tätigkeiten von mit einer Person verbundenen Personen als Tätigkeiten jener Person. Eine Person ist mit einer anderen Person verbunden, wenn eine der beiden Personen mindestens 50 Prozent der Eigentumsrechte an der anderen Person (oder bei einer Gesellschaft mindestens 50 Prozent der Gesamtstimmrechte und des Gesamtwerts der Anteile der Gesellschaft oder der Eigentumsrechte an der Gesellschaft) besitzt oder eine weitere Person mindestens 50 Prozent der Eigentumsrechte an jeder Person (oder bei einer Gesellschaft mindestens 50 Prozent der Gesamtstimmrechte und des Gesamtwerts der Anteile der Gesellschaft oder der Eigentumsrechte an der Gesellschaft) besitzt. In jedem Fall gilt eine Person als mit einer anderen Person verbunden, wenn allen maßgeblichen Tatsachen und Umständen zufolge die eine die andere beherrscht oder beide von derselben Person oder denselben Personen beherrscht werden.

Kommentar zur ausführlichen Fassung

44. Absatz 3 enthält ein alternatives Kriterium, nach dem eine in einem Vertragsstaat ansässige Person für bestimmte Einkünfte im Zusammenhang mit einer in ihrem Ansässigkeitsstaat aktiv ausgeübten Geschäftstätigkeit Abkommensvergünstigungen erhalten kann. In diesem Absatz wird festgestellt, dass die Gewährung von Abkommensvergünstigungen für Einkünfte, die ein in einem Vertragsstaat ansässiger Rechtsträger, der in diesem Staat aktiv eine Geschäftstätigkeit ausübt (darunter fallen auch Tätigkeiten verbundener Personen), aus dem anderen Vertragsstaat im Zusammenhang mit dieser Geschäftstätigkeit oder in Verbindung damit bezieht, keinen Anlass zur Sorge in Bezug auf Treaty-Shopping gibt, unabhängig von der Art und den Beteiligungsverhältnissen des Rechtsträgers. Der Absatz sieht die Gewährung von Abkommensvergünstigungen in einer Vielzahl von Fällen vor, in denen Vergünstigungen nach Absatz 1 ansonsten nicht gewährt würden, weil der Rechtsträger nach Absatz 2 keine „berechtigte Person“ ist.

45. Eine in einem Vertragsstaat ansässige Person kann nach Absatz 3 Anspruch auf Vergünstigungen haben, unabhängig davon, ob sie nach Absatz 2 ebenfalls Anspruch hat oder nicht. Gemäß dem Kriterium der aktiven Geschäftstätigkeit in Absatz 3 hat eine Person (in der Regel eine Gesellschaft) Anspruch auf Abkommensvergünstigungen, sofern sie zwei Voraussetzungen erfüllt: 1. Sie übt in ihrem Ansässigkeitsstaat aktiv eine Geschäftstätigkeit aus und 2. die Zahlung, für die Vergünstigungen beansprucht werden sollen, steht im Zusammenhang mit der Geschäftstätigkeit. In bestimmten Fällen ist eine zusätzliche Voraussetzung zu erfüllen, nach der die Geschäftstätigkeit im Verhältnis zu der Einkünfte erzielenden Tätigkeit im Quellenstaat von erheblichem Umfang sein muss.

46. Nach Buchstabe a kann eine in einem Vertragsstaat ansässige und dort aktiv geschäftstätige Person die Vergünstigungen des Abkommens für Einkünfte aus dem anderen Vertragsstaat grundsätzlich erhalten. Die Einkünfte müssen jedoch im Zusammenhang mit dieser Geschäftstätigkeit bezogen werden oder mit ihr verbunden sein.

47. Der Ausdruck „Geschäftstätigkeit" ist nicht definiert, weshalb ihm nach der allgemeinen Vorschrift des Artikels 3 Absatz 2 die Bedeutung zuzuweisen ist, die ihm nach innerstaatlichem Recht zukommt. Ein Rechtsträger gilt in der Regel nur dann als aktiv geschäftstätig, wenn die Personen, durch die der Rechtsträger tätig ist (z.B. die leitenden und sonstigen Angestellten einer Gesellschaft), wesentliche leitende und operative Tätigkeiten ausüben.

48. Die Vornahme oder Verwaltung von Kapitalanlagen für eigene Rechnung der ansässigen Person gilt nur dann als Geschäftstätigkeit, wenn die betreffenden Tätigkeiten Teil der Bank-, Versicherungs- oder Wertpapiergeschäfte einer Bank oder eines von den Vertragsstaaten als bankähnlich erachteten Finanzinstituts (z.B. einer Kreditgenossenschaft oder Bausparkasse), eines Versicherungsunternehmens bzw. eines zugelassenen Wertpapierhändlers sind. Diese Tätigkeiten gelten nicht als aktive Geschäftstätigkeit, wenn sie von einer Person ausgeübt werden, die keine Bank (oder kein von den Vertragsstaaten vereinbartes Finanzinstitut), kein Versicherungsunternehmen oder kein zugelassener Wertpapierhändler ist, oder wenn sie zwar von einer Bank (oder einem von den Vertragsstaaten vereinbarten Finanzinstitut), einem Versicherungsunternehmen oder einem zugelassenen Wertpapierhändler ausgeübt werden, jedoch nicht Teil ihrer bzw. seiner Bank-, Versicherungs- oder Handelsgeschäfte sind. Da eine Hauptverwaltungsfunktion der Verwaltung von Kapitalanlagen gleichkommt, gilt eine Gesellschaft, die ausschließlich als Hauptverwaltung fungiert, nicht als aktiv geschäftstätig im Sinne des Absatzes 3.

49. Einkünfte werden im Zusammenhang mit einer Geschäftstätigkeit bezogen, wenn die Einkünfte erzielende Tätigkeit im Quellenstaat einen Geschäftszweig darstellt, der „Teil" der vom Empfänger der Einkünfte im Ansässigkeitsstaat ausgeübten Geschäftstätigkeit ist oder eine „Ergänzung" dazu darstellt.

50. Eine Geschäftstätigkeit gilt in der Regel als Teil einer im Quellenstaat ausgeübten Geschäftstätigkeit, wenn beide Tätigkeiten die Entwicklung, die Herstellung oder den Verkauf der gleichen Erzeugnisse bzw. Art von Erzeugnissen oder die Erbringung vergleichbarer Dienstleistungen umfassen. Die Tätigkeit im Ansässigkeitsstaat kann der Tätigkeit im Quellenstaat vor- oder nachgelagert sein oder parallel dazu ausgeübt werden. Im Rahmen dieser Tätigkeit können folglich Vorleistungen für einen Herstellungsprozess im Quellenstaat erbracht, die Erzeugnisse dieses Prozesses verkauft oder lediglich die gleiche Art von Erzeugnissen verkauft werden wie im Rahmen der Geschäftstätigkeit im Quellenstaat. Die folgenden Beispiele veranschaulichen diese Grundsätze:

- Beispiel 1: ACO ist eine in Staat A ansässige Gesellschaft, die dort eine aktive Fertigungstätigkeit ausübt. ACO gehören 100 Prozent der Anteile an BCO, einer in Staat B ansässigen Gesellschaft. BCO vertreibt die Erzeugnisse von ACO in Staat B. Da die Geschäftstätigkeiten der beiden Gesellschaften die gleichen Erzeugnisse betreffen, gilt die Vertriebstätigkeit von BCO als Teil der Fertigungstätigkeit von ACO.
- Beispiel 2: Der Sachverhalt ist analog zu Beispiel 1 mit dem Unterschied, dass ACO keine Erzeugnisse herstellt. ACO betreibt stattdessen eine große Forschungs-

und Entwicklungseinrichtung in Staat A, die geistiges Eigentum an verbundene Unternehmen weltweit lizenziert, darunter BCO. BCO und andere verbundene Unternehmen fertigen und vermarkten anschließend die von ACO entwickelten Erzeugnisse auf ihren jeweiligen Märkten. Da die von ACO und BCO ausgeübten Tätigkeiten die gleichen Produktlinien betreffen, gelten sie als Teil der gleichen Geschäftstätigkeit.

51. Damit zwei Tätigkeiten als „Ergänzung" zueinander gelten, müssen sie nicht die gleiche Art von Erzeugnissen oder Dienstleistungen betreffen. Sie sollten jedoch zur selben übergeordneten Branche gehören und insofern in Zusammenhang stehen, als der Erfolg oder das Scheitern der einen Tätigkeit in der Regel den Erfolg bzw. das Scheitern der anderen Tätigkeit zur Folge hat. Werden im Quellenstaat mehrere Geschäftstätigkeiten ausgeübt und ist nur eine davon Teil einer Geschäftstätigkeit im Ansässigkeitsstaat oder stellt eine Ergänzung dazu dar, ist die Geschäftstätigkeit zu ermitteln, der die Einkünfte zugerechnet werden können. Lizenzgebühren gelten in der Regel als im Zusammenhang mit der Geschäftstätigkeit bezogen, der die zugrunde liegenden immateriellen Wirtschaftsgüter zugerechnet werden können. Dividenden gelten erst als aus Gewinnen der abkommensbegünstigten Geschäftstätigkeit und dann als aus sonstigen Gewinnen bezogen. Die Zuordnung von Zinserträgen kann – sofern einheitlich angewendet – anhand jeder geeigneten Methode erfolgen.

- *Beispiel 3: CCO ist eine in Staat C ansässige Gesellschaft, die eine internationale Fluggesellschaft betreibt. DCO ist eine in Staat D ansässige 100%ige Tochtergesellschaft von CCO. DCO betreibt in Staat D eine Hotelkette mit Hotels in der Nähe von Flughäfen, die von CCO-Flügen bedient werden. CCO verkauft häufig Reisepakete, die Flüge nach Staat D und Unterkünfte in den Hotels von DCO beinhalten. Obwohl beide Gesellschaften aktiv geschäftstätig sind, handelt es sich bei dem Betrieb einer Hotelkette und dem Betrieb einer Fluggesellschaft um unterschiedliche Geschäftstätigkeiten. Die Geschäftstätigkeit von DCO ist somit nicht Teil der Geschäftstätigkeit von CCO. Die Geschäftstätigkeit von DCO gilt jedoch als Ergänzung zur Geschäftstätigkeit von CCO, da beide Tätigkeiten der gleichen übergeordneten Branche zuzuordnen sind (Reiseverkehr) und sie aufgrund der Verknüpfungen zwischen ihnen in der Regel voneinander abhängig sind.*
- *Beispiel 4: Der Sachverhalt ist analog zu Beispiel 3 mit dem Unterschied, dass DCO im anderen Vertragsstaat ein Bürogebäude statt einer Hotelkette gehört. Die Ausübung der Geschäftstätigkeit von CCO erfolgt vollständig ohne Nutzung des Bürogebäudes. Die Geschäftstätigkeit von DCO gilt weder als Teil der Geschäftstätigkeit von CCO noch als Ergänzung dazu. Sie üben unterschiedliche Geschäftstätigkeiten in unterschiedlichen Branchen aus und es besteht keine wirtschaftliche Abhängigkeit zwischen den beiden Tätigkeiten.*
- *Beispiel 5: ECO ist eine in Staat E ansässige Gesellschaft, die in Staat E und anderen Ländern Blumen produziert und verkauft. ECO gehören sämtliche Anteile an der in Staat F ansässigen Gesellschaft FCO, einer Holdinggesellschaft, die keine Geschäftstätigkeit ausübt. FCO gehören sämtliche Anteile an drei in Staat F ansässigen Gesellschaften: GCO, HCO und ICO. GCO vertreibt die Blumen von ECO in Staat F unter dem Warenzeichen ECO. HCO vermarktet eine Produktlinie für Rasenpflege in Staat F unter dem Warenzeichen ECO. Die Erzeugnisse von GCO und HCO werden nicht nur unter demselben Warenzeichen, sondern auch in denselben Geschäften verkauft und in der Regel hat der Absatz der Erzeugnisse der einen Gesellschaft einen erhöhten Absatz der Erzeugnisse der jeweils anderen*

Gesellschaft zur Folge. ICO führt Fisch aus Staat E ein und vertreibt ihn an Fischgroßhändler in Staat F. Im Sinne des Absatzes 3 ist die Geschäftstätigkeit von GCO Teil der Geschäftstätigkeit von ECO, die Geschäftstätigkeit von HCO eine Ergänzung zur Geschäftstätigkeit von ECO und die Geschäftstätigkeit von ICO weder Teil der Geschäftstätigkeit von ECO noch eine Ergänzung dazu.

- *Beispiel 6: JCO ist eine in Staat J ansässige Gesellschaft, die in Staat J und anderen Ländern Säuglingsnahrung herstellt und verkauft. JCO erwirbt sämtliche Anteile an KCO, einer in Staat K ansässigen Gesellschaft, die Marmelade und ähnliche Lebensmittelerzeugnisse herstellt und vertreibt. JCO und KCO sind beide in der Lebensmittelindustrie tätig, die Erzeugnisse ihrer Geschäftstätigkeit werden in denselben Geschäften verkauft und der Absatz der Erzeugnisse beider Gesellschaften würde durch Vorfälle im Zusammenhang mit der Qualität eines ihrer Erzeugnisse beeinträchtigt. Die Geschäftstätigkeit von KCO stellt im Sinne des Absatzes 3 eine Ergänzung zur Geschäftstätigkeit von JCO dar.*

52. Einkünfte aus dem Quellenstaat sind mit der im Ansässigkeitsstaat ausgeübten Geschäftstätigkeit „verbunden", wenn die Erzielung der Einkünfte die Ausübung der Geschäftstätigkeit im Ansässigkeitsstaat begünstigt. Als „verbundene" Einkünfte gelten beispielsweise Einkünfte aus der vorübergehenden Anlage des Betriebskapitals einer in einem Vertragsstaat ansässigen Person.

53. Absatz 3 Buchstabe b enthält ergänzend zur allgemeinen Vorschrift in Buchstabe a eine weitere Voraussetzung in Fällen, in denen die Geschäftstätigkeit, durch die die betreffenden Einkünfte erzielt werden, entweder von der Person ausgeübt wird, die die Einkünfte bezieht, oder von verbundenen Unternehmen. Nach Buchstabe b muss unter diesen Umständen die im Ansässigkeitsstaat ausgeübte Geschäftstätigkeit im Verhältnis zu der Tätigkeit im Quellenstaat erheblich sein. Durch das Kriterium der Erheblichkeit sollen eng gefasste Fälle des Missbrauchs durch Treaty-Shopping verhindert werden, in denen eine Gesellschaft geringfügige verwandte Geschäftstätigkeiten im Abkommensstaat ihrer Ansässigkeit ausübt (d.h. Tätigkeiten mit geringen wirtschaftlichen Kosten oder Folgen für die Geschäftstätigkeit der Gesellschaft insgesamt), um Anspruch auf Vergünstigungen zu erhalten.

54. Die Feststellung der Erheblichkeit erfolgt anhand aller Tatsachen und Umstände und unter Berücksichtigung des relativen Umfangs und der Art der Geschäftstätigkeit in den einzelnen Vertragsstaaten sowie des relativen Beitrags, der zugunsten dieser Geschäftstätigkeit in den einzelnen Vertragsstaaten geleistet wird. In jedem Fall erfolgt eine Feststellung bzw. ein Vergleich stets unter gebührender Berücksichtigung der relativen Größe der Wirtschaft und des Marktes in den beiden Vertragsstaaten.

- *Beispiel 7: LCO ist ein in Staat L ansässiges Pharmaunternehmen. LCO übt in Staat L eine aktive Fertigungstätigkeit aus und betreibt dort außerdem Forschung und Entwicklung. Sämtliche Anteile an LCO gehören OCO, einer in Staat O ansässigen Gesellschaft. LCO hat verschiedene Arzneimittel gegen Malaria entwickelt, die von ihrer in Staat M ansässigen Tochtergesellschaft, MCO, nach den Patenten und unter den Warenzeichen von LCO hergestellt werden. LCO verkauft diese Arzneimittel neben seinen anderen Arzneimitteln in Staat L und anderen Staaten, in denen Malaria kaum vorkommt. MCO zahlt LCO eine Lizenzgebühr für die Nutzung des geistigen Eigentums. Unter Berücksichtigung der Art der in Staat L und Staat M ausgeübten Geschäftstätigkeit und des relativen Beitrags jedes Staates zugunsten der Geschäftstätigkeit können für die Lizenzgebühr Abkommensvergünstigungen gewährt werden. Dabei wird auch berücksichtigt, dass der Markt für Arznei-*

mittel gegen Malaria in Staat L (in dem die Arzneimittel hauptsächlich an Personen verkauft werden, die in Länder reisen, in denen Malaria weitverbreitet ist) im Vergleich zum Markt für diese Arzneimittel in Staat M klein ist. Angesichts der Beschaffenheit des Marktes für diese Arzneimittel in beiden Ländern sowie sämtlicher sonstigen Tatsachen und Umstände kann die von LCO in Staat L ausgeübte Geschäftstätigkeit im Verhältnis zu der von MCO in Staat M ausgeübten Geschäftstätigkeit als erheblich betrachtet werden.

- Beispiel 8: PCO, eine in dem Entwicklungsland Staat P ansässige Gesellschaft, hat eine Luxuskosmetiklinie mit Inhaltsstoffen aus Pflanzen entwickelt, die vorwiegend in Staat P zu finden sind. PCO gehören die Patente, Markennamen und Warenzeichen für diese Kosmetik. Die Anteile an PCO werden zu gleichen Teilen von drei Anteilseignern gehalten: einer in Staat P, einer in Staat Q und einer in Staat R ansässigen Gesellschaft. PCO erntet und bereitet die Pflanzen in Staat P auf. Anschließend werden die Pflanzen nach Staat S versandt (einem großen, wohlhabenden Land mit einer starken Nachfrage nach Luxuskosmetik), in dem sie von SCO, einer in Staat S ansässigen Tochtergesellschaft von PCO, zu Kosmetik verarbeitet werden. Die Kosmetik wird in Staat S von TCO, einer weiteren, ebenfalls in Staat S ansässigen Tochtergesellschaft, unter den Markennamen und Warenzeichen vertrieben, für die sie von PCO eine Lizenz erhalten hat. Die Kosmetik ist mit „Made in Staat S" gekennzeichnet. Aufgrund der im Vergleich zur Größe der Volkswirtschaft von Staat S kleinen Volkswirtschaft von Staat P ist die von PCO in Staat P ausgeübte Geschäftstätigkeit im Verhältnis zu der von SCO und TCO in Staat S ausgeübten Geschäftstätigkeit erheblich.

55. Die Feststellung nach Buchstabe b erfolgt zudem einzeln für sämtliche aus dem Quellenstaat bezogenen Einkünfte. Eine Person kann daher für bestimmte Einkünfte Anspruch auf Abkommensvergünstigungen haben, für andere dagegen nicht. Hat eine in einem Vertragsstaat ansässige Person nach Absatz 3 Anspruch auf Abkommensvergünstigungen für bestimmte Einkünfte, so hat sie Anspruch auf sämtliche Vergünstigungen des Abkommens, soweit sie die Besteuerung dieser Einkünfte im Quellenstaat betreffen.

56. Die Beschränkung der Anwendung des Kriteriums der Erheblichkeit auf von verbundenen Unternehmen bezogene Einkünfte erfolgt ausschließlich mit Blick auf potenzielle Missbrauchsfälle; bestimmte andere, nicht missbräuchliche Tätigkeiten sollen nicht behindert werden, selbst wenn der in einem Vertragsstaat ansässige Empfänger der Einkünfte im Verhältnis zum Rechtsträger, der im anderen Vertragsstaat Einkünfte erzielt, sehr klein ist. Entwickelt beispielsweise ein kleines Forschungsunternehmen in einem Staat ein Verfahren, das es an einen sehr großen, nicht mit ihm verbundenen Pharmahersteller in einem anderen Staat lizenziert, muss die Größe des Forschungsunternehmens im erstgenannten Staat nicht mit der Größe des Herstellers verglichen werden. Ebenso muss eine kleine Bank eines Staates, die ein Darlehen an eine sehr große, nicht mit ihr verbundene Gesellschaft vergibt, die im anderen Staat eine Geschäftstätigkeit ausübt, das Kriterium der Erheblichkeit nicht erfüllen, um nach Absatz 3 Abkommensvergünstigungen zu erhalten.

57. Absatz 3 Buchstabe c enthält besondere Zurechnungsvorschriften für die Anwendung der materiellen Vorschriften der Buchstaben a und b. Diese Vorschriften finden somit Anwendung bei der Feststellung, ob eine Person die Voraussetzungen nach Buchstabe a erfüllt und aktiv geschäftstätig ist und die Einkünfte im Zusammenhang mit dieser aktiven Geschäftstätigkeit bezieht, sowie bei der Durchführung des Vergleichs

gemäß dem Kriterium der „Erheblichkeit" in Buchstabe b. Nach Buchstabe c werden einer Person Tätigkeiten zugerechnet, die von mit dieser Person „verbundenen" Personen ausgeübt werden. Eine Person („X") ist mit einer anderen Person („Y") verbunden, wenn X mindestens 50 Prozent der Eigentumsrechte an Y besitzt (oder wenn Y mindestens 50 Prozent der Eigentumsrechte an X besitzt). In diesem Sinne ist X mit einer Gesellschaft verbunden, wenn ihr Anteile in Höhe von mindestens 50 Prozent der Gesamtstimmrechte und des Gesamtwerts der Gesellschaft oder mindestens 50 Prozent der Eigentumsrechte an der Gesellschaft gehören. X ist ebenfalls mit Y verbunden, wenn eine weitere Person mindestens 50 Prozent der Eigentumsrechte sowohl an X als auch an Y besitzt. Handelt es sich bei X oder Y um eine Gesellschaft, beträgt der Schwellenwert für das Verbundensein in Bezug auf diese Gesellschaft oder Gesellschaften 50 Prozent der Gesamtstimmrechte und des Gesamtwerts oder 50 Prozent der Eigentumsrechte. Schließlich ist X mit Y verbunden, wenn allen Tatsachen und Umständen zufolge X Y beherrscht, Y X beherrscht oder X und Y von derselben Person oder denselben Personen beherrscht werden.

Abgeleitete Vergünstigungen

Vereinfachte Fassung

3. Eine in einem Vertragsstaat ansässige Person, die keine berechtigte Person ist, hat gleichwohl Anspruch auf eine Vergünstigung, die anderenfalls durch dieses Abkommen für Einkünfte gewährt würde, wenn mehr als 75 Prozent ihrer Eigentumsrechte unmittelbar oder mittelbar Personen gehören, die gleichberechtigte Begünstigte sind.

Ausführliche Fassung

[4. Eine in einem Vertragsstaat ansässige Gesellschaft hat auch Anspruch auf eine Vergünstigung, die anderenfalls durch dieses Abkommen gewährt würde, wenn zum Zeitpunkt der Gewährung dieser Vergünstigung

a) mindestens 95 Prozent der Gesamtstimmrechte und des Gesamtwerts ihrer Anteile (und mindestens 50 Prozent jeder Vorzugsaktiengattung) unmittelbar oder mittelbar sieben oder weniger Personen gehören, die gleichberechtigte Begünstigte sind, sofern bei mittelbarer Beteiligung jeder zwischengeschaltete Beteiligte selbst ein gleichberechtigter Begünstigter ist, und

b) weniger als 50 Prozent der im Ansässigkeitsstaat der Gesellschaft ermittelten Bruttoeinkünfte der Gesellschaft in dem Veranlagungszeitraum, in den dieser Zeitpunkt fällt, in Form von Zahlungen (ausgenommen im Rahmen der ordentlichen Geschäftstätigkeit geleistete fremdvergleichskonforme Zahlungen für Dienstleistungen oder materielle Wirtschaftsgüter), die für Zwecke der unter das Abkommen fallenden Steuern im Ansässigkeitsstaat der Gesellschaft abzugsfähig sind, unmittelbar oder mittelbar Personen gezahlt werden oder zufließen, die nicht gleichberechtigte Begünstigte sind.][12]

Kommentar zur ausführlichen Fassung

58. Absatz 4 enthält das Kriterium der abgeleiteten Vergünstigungen, das potenziell für sämtliche Abkommensvergünstigungen gilt, obwohl es auf einzelne Einkünfte angewendet wird. Gemäß diesem Kriterium haben bestimmte in einem Vertragsstaat ansässige Gesellschaften in der Regel Anspruch auf Abkommensvergünstigungen, sofern der Eigentümer der Gesellschaft Anspruch auf mindestens die gleiche Vergünstigung hätte, wären ihm die betreffenden Einkünfte unmittelbar zugeflossen. Um unter diesen Absatz zu fallen, muss die Gesellschaft bestimmte Vorgaben zu den Kriterien der Beteiligung und Gewinnverkürzung erfüllen.

59. Buchstabe a enthält das Kriterium der Beteiligung. Gemäß diesem Kriterium müssen Anteile in Höhe von mindestens 95 Prozent der Gesamtstimmrechte und des Gesamtwerts der Gesellschaft sowie mindestens 50 Prozent jeder Vorzugsaktiengattung sieben oder weniger gleichberechtigten Begünstigten gehören. Die Beteiligung kann dabei unmittelbar oder mittelbar sein. Der Ausdruck „gleichberechtigter Begünstigter" ist in Absatz 6 Buchstabe f definiert.

60. Buchstabe b enthält das Kriterium der Gewinnverkürzung. Eine Gesellschaft erfüllt die Vorgaben zu diesem Kriterium, wenn weniger als 50 Prozent ihrer Bruttoeinkünfte (gemäß der Ermittlung in ihrem Ansässigkeitsstaat) in dem Veranlagungszeitraum, in den der Zeitpunkt der Gewährung der Vergünstigung fällt, in Form von Zahlungen, die für Steuerzwecke in ihrem Ansässigkeitsstaat abzugsfähig sind, unmittelbar oder mittelbar einer Person oder Personen gezahlt werden oder zufließen, die keine gleichberechtigten Begünstigten sind. Diese Beträge beinhalten keine im Rahmen der ordentlichen Geschäftstätigkeit geleisteten fremdvergleichskonformen Zahlungen für Dienstleistungen oder materielle Wirtschaftsgüter. Dieses Kriterium entspricht dem Kriterium der Gewinnverkürzung in Absatz 2 Buchstabe e Ziffer ii mit dem Unterschied, dass das Kriterium in Buchstabe b auf gewinnverkürzende Zahlungen an Personen abzielt, die keine gleichberechtigten Begünstigten sind.

61. Einige Staaten sind der Ansicht, dass Absatz 4 in Bezug auf im Quellenstaat abzugsfähige Zahlungen unvertretbare Treaty-Shopping-Risiken birgt. Diese Staaten ziehen es vor, den Geltungsbereich von Absatz 4 auf Dividenden zu beschränken, die in der Regel nicht abzugsfähig sind. Staaten, die diese Ansicht vertreten, können den Anfang des Absatzes wie folgt ändern:

> *4. Eine in einem Vertragsstaat ansässige Gesellschaft hat auch Anspruch auf eine Vergünstigung, die anderenfalls nach Artikel 10 gewährt würde, wenn zum Zeitpunkt der Gewährung dieser Vergünstigung:*

Ermessensklausel

Vereinfachte Fassung

5. Eine in einem Vertragsstaat ansässige Person, die weder eine berechtigte Person ist noch nach Absatz 3 oder 4 Anspruch auf eine Vergünstigung hat, die anderenfalls durch dieses Abkommen für Einkünfte gewährt würde, hat gleichwohl Anspruch auf diese Vergünstigung, wenn die zuständige Behörde des Vertragsstaats, bei dem die Vergünstigung geltend gemacht wird, auf Ersuchen dieser ansässigen Person in Übereinstimmung mit ihrem innerstaatlichen Recht oder ihrer Verwaltungspraxis feststellt, dass keiner der Hauptzwecke der Errichtung, des Erwerbs oder der Unterhaltung der Person sowie der Ausübung ihrer Geschäfte darin besteht, diese Vergünstigung zu erhalten. Die zuständige Behörde des Vertragsstaats, bei dem eine im anderen Vertragsstaat ansässige Person ein solches Ersuchen gestellt hat, konsultiert die zuständige Behörde des anderen Staates, bevor sie das Ersuchen ablehnt.

Ausführliche Fassung

5. Hat eine in einem Vertragsstaat ansässige Person nach den Absätzen 1 bis 4 nicht auf alle Vergünstigungen nach diesem Abkommen Anspruch, so behandelt die zuständige Behörde des Vertragsstaats, der die Vergünstigungen, auf die diese Person keinen Anspruch hat, anderenfalls gewährt hätte, diese Person gleichwohl so, als hätte sie Anspruch auf diese Vergünstigungen oder auf Vergünstigungen für bestimmte Einkünfte oder Vermögenswerte, wenn diese zuständige Behörde auf Ersuchen dieser ansässigen Person und nach Prüfung der maßgeblichen Tatsachen und Umstände feststellt, dass keiner der Hauptzwecke der Errichtung, des Erwerbs oder der Unterhaltung der Person sowie der Ausübung ihrer Geschäfte darin bestand, Vergünstigungen nach dem Abkommen zu erhalten. Die zuständige Behörde des ersuchten Vertragsstaats konsultiert die zuständige Behörde des anderen Staates, bevor sie ein Ersuchen ablehnt, das eine im anderen Staat ansässige Person nach diesem Absatz gestellt hat.

Kommentar zur ausführlichen Fassung

62. Nach Absatz 5 kann eine in einem der Vertragsstaaten ansässige Person, die nach den Absätzen 1 bis 4 in einem Vertragsstaat nicht auf alle Vergünstigungen des Abkommens Anspruch hat, die zuständige Behörde dieses Staates um Gewährung dieser Vergünstigungen ersuchen. In diesem Fall gewährt die zuständige Behörde diese Vergünstigungen, wenn sie nach Prüfung der maßgeblichen Tatsachen und Umstände feststellt, dass weder bei der Errichtung, dem Erwerb oder der Unterhaltung der ansässigen Person noch bei der Ausübung ihrer Geschäfte einer der Hauptzwecke darin bestand, Vergünstigungen nach dem Abkommen zu erhalten.

63. Durch diesen Absatz kann eine ansässige Person, die nach den Absätzen 1 bis 4 keinen Anspruch auf die Vergünstigungen des Abkommens hat, jedoch unter Berücksichtigung zusätzlicher Gesichtspunkte zu den anhand der objektiven Kriterien aus den Absätzen 1 bis 4 bereits geprüften eine wesentliche Beziehung zu ihrem Ansässigkeitsstaat hat, möglicherweise Abkommensvergünstigungen erhalten, sofern die Gewährung von Vergünstigungen den Zwecken des Abkommens nicht widerspricht. Im Fall einer in einem Vertragsstaat ansässigen Tochtergesellschaft mit einer in einem Drittstaat ansässigen Muttergesellschaft würde die Tatsache, dass der betreffende im Abkommen vorgesehene Abzugsteuersatz nicht niedriger ist als der entsprechende Abzugsteuersatz nach dem Doppelbesteuerungsabkommen zwischen dem Quellenstaat und dem Drittstaat, zwar einen relevanten Faktor darstellen, wäre für sich genommen jedoch noch kein ausreichender Nachweis dafür, dass die Voraussetzungen für die Gewährung von Vergünstigungen im Rahmen der Ermessensklausel erfüllt sind. Übt eine ausländische Gesellschaft eine mobile Geschäftstätigkeit wie z.B. Finanzierungsgeschäfte aus oder sieht das innerstaatliche Recht eines Vertragsstaats für bestimmte in Sonderzonen oder im Ausland ausgeübte Tätigkeiten (z.B. Lizenzierung immaterieller Wirtschaftsgüter) eine steuerliche Sonderbehandlung vor, gilt dies ebenfalls nicht als Nachweis eines außersteuerlichen wirtschaftlichen Grundes für die Standortwahl in diesem Staat. In diesen Fällen bedarf es weiterer günstiger Wirtschaftsfaktoren, um eine wesentliche Beziehung zu diesem Staat zu begründen. Absatz 5 sieht darüber hinaus vor, dass die zuständige Behörde des ersuchten Staates die zuständige Behörde des anderen Staates konsultiert, bevor sie es ablehnt, ihr Ermessen auszuüben, um einer im anderen Staat ansässigen Person Vergünstigungen zu gewähren.

64. Um nach Absatz 5 Anspruch auf Vergünstigungen zu haben, muss die Person der zuständigen Behörde des Staates, bei dem Vergünstigungen geltend gemacht werden, hinreichend nachweisen, dass eindeutige außersteuerliche wirtschaftliche Gründe für ihre Errichtung, ihren Erwerb oder ihre Unterhaltung und für die Ausübung ihrer Geschäfte im anderen Vertragsstaat vorlagen. Die Frage, welche Zwecke mit der Errichtung, dem Erwerb oder der Unterhaltung einer Person und der Ausübung ihrer Geschäfte verfolgt werden, ist eine Tatsachenfrage, die nur unter Berücksichtigung aller maßgeblichen Umstände im Einzelfall beantwortet werden kann. Dabei ist es nicht erforderlich, einen zwingenden Beweis für eine Absicht zu erbringen. Allerdings muss die zuständige Behörde nach einer objektiven Auswertung der maßgeblichen Tatsachen und Umstände zu der Feststellung gelangen können, dass der Erhalt von Abkommensvergünstigungen kein Hauptzweck der Errichtung, des Erwerbs oder der Unterhaltung der Person sowie der Ausübung ihrer Geschäfte war. Wenngleich nicht leichtfertig angenommen werden sollte, dass der Erhalt von Abkommensvergünstigungen einen der Hauptzwecke darstellte, sollte eine Person auch nicht davon ausgehen, dass allein aufgrund ihrer Erklärung, dass ihre Errichtung, ihr Erwerb oder ihre Unterhaltung sowie die Ausübung ihrer Geschäfte nicht dem Erhalt der Abkommensvergünstigungen dienten, die Ermessensklausel nach Absatz 5 zur Anwendung kommt. Damit die zuständige Behörde eine entsprechende Feststellung treffen kann, müssen ihr sämtliche Nachweise vorgelegt werden.

65. Der Erhalt von Abkommensvergünstigungen muss weder der einzige noch der vorherrschende Zweck der Errichtung, des Erwerbs oder der Unterhaltung der Person und der Ausübung ihrer Geschäfte sein. Es genügt, wenn der Erhalt von Abkommensvergünstigungen zumindest einen der Hauptzwecke darstellt. Wenn die zuständige Behörde unter Berücksichtigung aller maßgeblichen Tatsachen und Umstände feststellt, dass der Erhalt von Abkommensvergünstigungen nicht im Vordergrund stand und er die Errichtung, den Erwerb oder die Unterhaltung der Person und die Ausübung ihrer Geschäfte nicht gerechtfertigt hätte, behandelt sie diese Person als anspruchsberechtigt in Bezug auf diese Vergünstigungen oder auf Vergünstigungen für bestimmte Einkünfte oder Vermögenswerte. Erfolgen die Errichtung, der Erwerb oder die Unterhaltung der Person und die Ausübung ihrer Geschäfte jedoch zum Zweck des Erhalts ähnlicher Vergünstigungen im Rahmen mehrerer Abkommen, heißt dies nicht, dass aufgrund des Erhalts von Vergünstigungen aus den anderen Abkommen der Erhalt von Vergünstigungen aus einem Abkommen nicht als Hauptzweck dieser Geschäfte gewertet werden kann.

65.1 Die zuständige Behörde, bei der ein Ersuchen um Ermessensausübung nach Absatz 5 eingeht, sollte dieses zügig bearbeiten.

66. Obwohl ein solches Ersuchen in der Regel von einer in einem Vertragsstaat ansässigen Person an die zuständige Behörde des anderen Vertragsstaats gestellt wird, kann es Fälle geben, in denen eine in einem Vertragsstaat ansässige Person die zuständige Behörde ihres Ansässigkeitsstaats um die Ausübung des Ermessens nach Absatz 5 ersucht. Dies wäre der Fall, wenn die Abkommensvergünstigungen, für die ein Ersuchen gestellt wird, vom Ansässigkeitsstaat gewährt werden, wie zum Beispiel die Vergünstigungen nach den Artikeln 23A und 23B über die Vermeidung der Doppelbesteuerung. Nach Absatz 5 muss die zuständige Behörde in diesen Fällen die zuständige Behörde des anderen Staates vor der Ablehnung des Ersuchens nicht konsultieren.

67. Absatz 5 räumt der zuständigen Behörde einen breiten Ermessensspielraum ein, und solange das Ermessen im Einklang mit den in Absatz 5 festgelegten Erfordernissen ausgeübt wird, kann die Entscheidung der zuständigen Behörde nicht als Maßnahme gewertet werden, die zu einer dem Abkommen nicht entsprechenden Besteuerung führt (siehe Artikel 25 Absatz 1). Der Absatz verpflichtet die zuständige Behörde jedoch zur Prüfung der maßgeblichen Tatsachen und Umstände, bevor sie eine Entscheidung trifft,

und zur Konsultation der zuständigen Behörde des anderen Vertragsstaats, bevor sie ein Ersuchen um Gewährung von Vergünstigungen ablehnt. Während mit dem ersten Erfordernis sichergestellt werden soll, dass die zuständige Behörde jedes Ersuchen einzeln prüft, soll mit dem Erfordernis, die zuständige Behörde des anderen Vertragsstaats zu konsultieren, sichergestellt werden, dass die Vertragsstaaten ähnliche Fälle einheitlich behandeln und ihre Entscheidung anhand der Tatsachen und Umstände des konkreten Falls begründen können. Im Rahmen dieses Konsultationsprozesses muss die ersuchte zuständige Behörde jedoch nicht die Zustimmung der konsultierten zuständigen Behörde einholen. Die Feststellung, dass weder bei der Errichtung, dem Erwerb oder der Unterhaltung der Person, die das Ersuchen stellt, noch bei der Ausübung ihrer Geschäfte einer der Hauptzwecke darin bestand, Vergünstigungen nach dem Abkommen zu erhalten, liegt im Ermessen der ersuchten zuständigen Behörde. Hat sie festgestellt, dass dies der Fall ist, ist sie zur Gewährung von Vergünstigungen verpflichtet; sie kann dem Steuerpflichtigen, der das Ersuchen stellt, jedoch wahlweise entweder sämtliche Abkommensvergünstigungen oder nur bestimmte Vergünstigungen gewähren. Ähnlich wie in Absatz 3 ausgeführt kann sie zum Beispiel nur für bestimmte Einkünfte Vergünstigungen gewähren. Darüber hinaus kann die zuständige Behörde Bedingungen festlegen, wie z.B. eine Befristung der nach Ermessen gewährten Vergünstigungen.

68. Die Einreichung des Ersuchens um Feststellung nach Absatz 5 kann vor (z.B. mittels eines Antrags auf Vorabzusage) oder nach der Errichtung, dem Erwerb oder der Unterhaltung der Person erfolgen, für die das Ersuchen gestellt wird. Wird das Ersuchen nach der Errichtung, dem Erwerb oder der Unterhaltung gestellt, können sämtliche von der zuständigen Behörde gewährten Vergünstigungen rückwirkend gewährt werden.

69. Auch wenn eine ausführliche Auflistung sämtlicher Tatsachen und Umstände, die für die in Absatz 5 genannte Feststellung maßgeblich sind, nicht möglich ist, zählen dazu u.a. die Geschichte, Struktur, Beteiligungsverhältnisse und Geschäfte der Person, die das Ersuchen stellt, ob es sich bei ihr um einen seit langem bestehenden Rechtsträger handelt, der kürzlich aus außersteuerlichen Gründen von Auslandsansässigen erworben wurde, ob sie eine erhebliche Geschäftstätigkeit ausübt, ob ihre Einkünfte, für die um Vergünstigungen ersucht wird, doppelt besteuert werden und ob ihre Errichtung oder Nutzung eine Nicht- oder Niedrigbesteuerung der Einkünfte zur Folge hat.

69.1 Zur Verringerung des Ressourcenbedarfs, der sich aus der Verpflichtung zur Prüfung von Ersuchen nach der Ermessensklausel ergibt, und zur Vermeidung aussichtsloser Ersuchen kann es für die Vertragsstaaten nützlich sein, Hinweise darüber zu veröffentlichen, welche Art von Fällen ihrer Ansicht nach unter die Ermessensklausel fallen und welche nicht. Die den Antragstellern von einem Vertragsstaat auferlegten administrativen Bedingungen sollten Personen jedoch nicht von der Stellung eines Ersuchens abhalten, wenn es aus ihrer Sicht realistisch ist, dass die zuständige Behörde der Gewährung von Vergünstigungen zustimmt.

Begriffsbestimmungen

Vereinfachte Fassung

6. Im Sinne dieses Artikels

Ausführliche Fassung

6. Im Sinne der Absätze 1 bis 5

69.2 Absatz 6 enthält eine Reihe von Begriffsbestimmungen, die für die Zwecke des Artikels gelten. Diese Begriffsbestimmungen ergänzen die Begriffsbestimmungen in den Artikeln 3, 4 und 5, die für das gesamte Abkommen gelten.

Der Ausdruck „anerkannte Börse"

Vereinfachte Fassung

b) bedeutet der Ausdruck „anerkannte Börse"

i) jede Börse, die nach dem Recht eines der beiden Vertragsstaaten errichtet wurde und als solche der Aufsicht nach dem jeweiligen Recht untersteht, und

ii) jede andere von den zuständigen Behörden der Vertragsstaaten vereinbarte Börse;

Ausführliche Fassung

a) bedeutet der Ausdruck „anerkannte Börse"

i) [Auflistung der bei Unterzeichnung vereinbarten Börsen] und

ii) jede andere von den zuständigen Behörden der Vertragsstaaten vereinbarte Börse;

Kommentar zur ausführlichen Fassung

70. In der Begriffsbestimmung von „anerkannte Börse" werden zunächst die Börsen aufgeführt, auf die sich beide Vertragsstaaten bei Unterzeichnung des Abkommens einigen. Obwohl darunter in der Regel in den Vertragsstaaten errichtete Börsen fallen, an denen die Aktien börsennotierter Gesellschaften und Rechtsträger, die in diesen Staaten ansässig sind, aktiv gehandelt werden, müssen die in der Begriffsbestimmung aufgeführten Börsen nicht in einem der Vertragsstaaten liegen. Damit wird anerkannt, dass die Globalisierung der Finanzmärkte und die Bedeutung einiger großer Finanzplätze dazu geführt haben, dass die Aktien vieler börsennotierter Gesellschaften an mehr als einer Börse und an Börsen außerhalb ihres Ansässigkeitsstaats aktiv gehandelt werden.

71. Gemäß der Begriffsbestimmung können die zuständigen Behörden der Vertragsstaaten die Liste der bei Unterzeichnung des Abkommens in der Begriffsbestimmung aufgeführten Börsen durch eine spätere Vereinbarung ergänzen.

71.1 Die in der Begriffsbestimmung aufgeführten Börsen sollten über Zulassungsvorschriften verfügen, die sicherstellen, dass die Aktien der an ihnen notierten Rechtsträger tatsächlich öffentlich gehandelt werden. Bei der Entscheidung darüber, ob eine Börse in der Begriffsbestimmung aufgeführt bzw. durch eine Vereinbarung zwischen den zuständigen Behörden (siehe Ziffer 71) nachträglich in diese aufgenommen werden soll, sollten folgende Faktoren berücksichtigt werden:

- Welche Vorschriften/Standards gelten für die Zulassung einer Gesellschaft zu der Börse?
- Welche Vorschriften/Standards, einschließlich finanzieller Mindeststandards, gelten für die Aufrechterhaltung der Notierung an der Börse?
- Welche Vorschriften zur Offenlegung und/oder Einreichung von Jahres-/Zwischenabschlüssen gelten für Gesellschaften, deren Aktien an der Börse gehandelt werden?
- Welches Aktienvolumen wird pro Kalenderjahr an der Börse gehandelt?

- *Wird durch die Vorschriften, denen die Börse unterliegt, ein aktiver Handel der notierten Aktien gewährleistet? Wenn ja, wie?*
- *Sind die an der Börse notierten Gesellschaften verpflichtet, laufend Finanzdaten sowie Informationen zu Sachverhalten, die erhebliche Auswirkungen auf ihre Finanzlage haben können, bekannt zu geben?*
- *Stehen Informationen zum Handelsvolumen und zum Gesamtaktienbestand der an der Börse notierten Gesellschaften öffentlich zur Verfügung?*
- *Stellt die Börse bestimmte Mindestanforderungen an die Größe der Gesellschaften, deren Aktien an ihr gehandelt werden, z.B. eine Mindestkapitalisierung oder Mindestbeschäftigtenzahl?*
- *Schreibt die Börse eine Mindestquote für im Streubesitz befindliche Aktien vor? Wenn ja, wie hoch ist diese?*
- *Müssen die Aktien einer Gesellschaft uneingeschränkt handelbar und voll eingezahlt sein, damit sie an der Börse gehandelt werden können?*
- *Ist die Börse verpflichtet, die Aktienkurse der an ihr notierten Gesellschaften innerhalb einer bestimmten Frist bekannt zu geben?*
- *Wird die Börse von einer Behörde des Staates, in dem sie liegt, reguliert oder beaufsichtigt?*
- *[Bei einer Börse, die in eine bereits bestehende Begriffsbestimmung neu aufgenommen werden soll:] Warum sollten Gesellschaften eine Notierung an der neuen Börse einer Notierung an anderen – u.a. den im Abkommen bereits als „anerkannte Börsen" aufgeführten – Börsen vorziehen? Gelten an der neuen Börse z.B. weniger Vorschriften in Bezug auf die Corporate Governance und die Offenlegung von Finanzdaten?*
- *[Bei einer Börse, die in eine bereits bestehende Begriffsbestimmung neu aufgenommen werden soll:] Bietet die neue Börse eine effizientere Möglichkeit zur Kapitalaufnahme? Wenn ja, warum?*

Der Ausdruck „Hauptaktiengattung"

Vereinfachte Fassung

a) bedeutet der Ausdruck „Hauptaktiengattung" die Aktiengattung oder Aktiengattungen einer Gesellschaft, die insgesamt eine Mehrheit der Stimmrechte der Gesellschaft darstellt beziehungsweise darstellen;

Ausführliche Fassung

b) bedeutet der Ausdruck „Hauptaktiengattung" die Stammaktien der Gesellschaft, sofern diese Aktiengattung die Mehrheit der Stimmrechte und des Wertes der Gesellschaft darstellt. Stellt keine einzelne Stammaktiengattung die Mehrheit der Gesamtstimmrechte und des Gesamtwerts der Gesellschaft dar, so sind diejenigen Gattungen die „Hauptaktiengattung", die insgesamt eine Mehrheit der Gesamtstimmrechte und des Gesamtwerts der Gesellschaft darstellen. Bei einer Gesellschaft, die Teil eines zweifach börsennotierten Unternehmens ist, wird die Hauptaktiengattung nach Ausschluss der besonderen Stimmrechtsaktien ermittelt, die zur Errichtung des zweifach börsennotierten Unternehmens ausgegeben wurden;

Kommentar zur ausführlichen Fassung

72. Die Begriffsbestimmung von „Hauptaktiengattung" bezieht sich auf die Stammaktien einer Gesellschaft, jedoch nur, sofern diese Aktien die Mehrheit der Stimmrechte und des Wertes der Gesellschaft darstellen. Verfügt eine Gesellschaft nur über eine Aktiengattung, handelt es sich dabei zwangsläufig um ihre „Hauptaktiengattung". Verfügt eine Gesellschaft über mehr als eine Aktiengattung, muss ermittelt werden, welche Gattung oder Gattungen die „Hauptaktiengattung" darstellen, d.h. die Aktiengattung oder Kombination von Aktiengattungen, die insgesamt eine Mehrheit der Stimmrechte und des Wertes der Gesellschaft darstellt. Obwohl es im konkreten Fall einer Gesellschaft mit mehreren Aktiengattungen denkbar ist, dass mehr als eine Gruppe von Gattungen ermittelt werden kann, die die Mehrheit der Stimmrechte und des Wertes der Gesellschaft darstellt, genügt die Ermittlung einer dieser Gruppen, die die Voraussetzungen des Absatzes 2 Buchstabe c erfüllt, damit die Gesellschaft nach dieser Bestimmung Anspruch auf Abkommensvergünstigungen hat (die Vergünstigungen werden der Gesellschaft auch dann nicht verweigert, wenn eine zweite Gruppe von Aktien ermittelt werden kann, die die Mehrheit der Stimmrechte und des Wertes der Gesellschaft darstellt, die Voraussetzungen des Absatzes 2 Buchstabe c jedoch nicht erfüllt).

73. Der letzte Satz der Begriffsbestimmung enthält eine Ausnahme für Gesellschaften, die Teil eines zweifach börsennotierten Unternehmens im Sinne des Buchstabens g sind. Bei diesen Gesellschaften dürfen die zur Errichtung des zweifach börsennotierten Unternehmens ausgegebenen besonderen Stimmrechtsaktien bei der Ermittlung ihrer Hauptaktiengattung nicht berücksichtigt werden.

Der Ausdruck „Vorzugsaktiengattung"

Nur ausführliche Fassung

c) bedeutet der Ausdruck „Vorzugsaktiengattung" jede Aktiengattung einer in einem der Vertragsstaaten ansässigen Gesellschaft, die den Aktionär über Dividenden, Rückzahlungen oder anderweitig zu einer überproportionalen Beteiligung an dem durch bestimmte Vermögenswerte oder Tätigkeiten der Gesellschaft im anderen Vertragsstaat erzielten Ertrag berechtigt;

74. Gemäß der Begriffsbestimmung von „Vorzugsaktiengattung", die für die Zwecke des Absatzes 4 sowie des Absatzes 2 Buchstaben c und e von Bedeutung ist, verfügt eine Gesellschaft über eine Vorzugsaktiengattung, wenn sie Aktien ausgegeben hat, für die Bedingungen oder sonstige Regelungen gelten, die ihre Inhaber zu einem größeren Anteil an den aus dem anderen Vertragsstaat bezogenen Einkünften der Gesellschaft berechtigen, als ihnen ohne diese Bedingungen oder Regelungen zugestanden hätte. So verfügt beispielsweise eine in einem Vertragsstaat ansässige Gesellschaft über eine „Vorzugsaktiengattung", wenn einige ihrer ausgegebenen Aktien „Geschäftsbereichsaktien" sind, auf die Dividenden anhand einer Formel gezahlt werden, die die Rendite der Gesellschaft aus ihren im anderen Vertragsstaat eingesetzten Vermögenswerten ungefähr abbildet. Dies wird durch folgendes Beispiel verdeutlicht:

- ACO ist eine in Staat A ansässige Gesellschaft, die Stamm- und Vorzugsaktien ausgegeben hat. Die Stammaktien sind an der Hauptbörse von Staat A notiert und werden dort regelmäßig gehandelt. Die Vorzugsaktien gewähren keine Stimmrechte und berechtigen ihre Inhaber zu Dividenden in Höhe von Zinszahlungen, die ACO von nicht verbundenen Darlehensnehmern in Staat B erhält. Sämtliche Vorzugsaktien gehören einem Einzelaktionär, der in einem

Drittstaat ansässig ist, mit dem Staat B kein Doppelbesteuerungsabkommen geschlossen hat. Die Stammaktien machen mehr als 50 Prozent des Wertes von ACO sowie 100 Prozent der Stimmrechte aus. Da der Inhaber der Vorzugsaktien Anspruch auf Zahlungen in Höhe der aus Staat B stammenden Zinserträge von ACO hat, stellen diese Aktien eine „Vorzugsaktiengattung" dar, und da sie nicht regelmäßig an einer anerkannten Börse gehandelt werden, hat ACO keinen Anspruch auf Vergünstigungen nach Absatz 2 Buchstabe c.

Der Ausdruck „hauptsächlicher Ort der Geschäftsleitung und Beherrschung"

Nur ausführliche Fassung

d) befindet sich der „hauptsächliche Ort der Geschäftsleitung und Beherrschung" einer Gesellschaft nur dann in dem Vertragsstaat, in dem diese ansässig ist, wenn die Mitglieder der obersten Führungsebene in diesem Vertragsstaat für einen größeren Teil der strategischen, finanziellen und betrieblichen Entscheidungen für die Gesellschaft (sowie ihre unmittelbaren und mittelbaren Tochtergesellschaften) die laufende Verantwortung tragen als in jedem anderen Staat und die Mitarbeiter dieser Personen in diesem Vertragsstaat einen größeren Teil der zur Entscheidungsvorbereitung und -findung erforderlichen laufenden Tätigkeiten ausüben als in jedem anderen Staat;

75. Der Ausdruck „hauptsächlicher Ort der Geschäftsleitung und Beherrschung" ist für die Zwecke des Absatzes 2 Buchstabe c von Bedeutung. Dieser Ausdruck ist vom „Ort der tatsächlichen Geschäftsleitung" zu unterscheiden, der vor [Datum der nächsten Aktualisierung] in Artikel 4 Absatz 3 und in verschiedenen für den Betrieb von Seeschiffen und Luftfahrzeugen geltenden Bestimmungen, u.a. Artikel 8, verwendet wurde. Der „Ort der tatsächlichen Geschäftsleitung" wurde von einigen Staaten so ausgelegt, dass es sich dabei gewöhnlich um den Ort handelt, an dem die höchstrangige Person bzw. Personengruppe (z.B. ein Aufsichts- oder Verwaltungsrat) die grundlegenden unternehmerischen und kaufmännischen Entscheidungen trifft, die für die Ausübung der Geschäftstätigkeit der Gesellschaft notwendig sind. Der hauptsächliche Ort der Geschäftsleitung und Beherrschung bezieht sich dagegen auf den Ort, an dem die laufende Verantwortung für die Geschäftsleitung der Gesellschaft (und ihrer Tochtergesellschaften) getragen wird. Der hauptsächliche Ort der Geschäftsleitung und Beherrschung einer Gesellschaft befindet sich nur dann in ihrem Ansässigkeitsstaat, wenn die Mitglieder der obersten Führungsebene in diesem Staat für einen größeren Teil der strategischen, finanziellen und betrieblichen Entscheidungen für die Gesellschaft (sowie ihre unmittelbaren und mittelbaren Tochtergesellschaften) die laufende Verantwortung tragen als im anderen Staat oder einem Drittstaat und die Mitarbeiter, die die Geschäftsleitung bei der Entscheidungsfindung unterstützen, ebenfalls in diesem Staat tätig sind. Bei diesem Kriterium werden daher die gesamten Tätigkeiten der betreffenden Personen berücksichtigt, um festzustellen, an welchem Ort diese Tätigkeiten ausgeübt werden. In den meisten Fällen ist es eine notwendige, aber keine hinreichende Voraussetzung, dass der Hauptsitz der Gesellschaft (d.h. der Ort, an dem die Mitglieder der obersten Führungsebene normalerweise tätig sind) in dem Vertragsstaat gelegen ist, in dem die Gesellschaft ansässig ist.

76. Um den hauptsächlichen Ort der Geschäftsleitung und Beherrschung einer Gesellschaft festzustellen, muss festgelegt werden, welche Personen als „Mitglieder der obersten Führungsebene" gelten sollen. In manchen Ländern genügt es, die Mitglieder des Aufsichts- oder Verwaltungsrats (bzw. die sogenannten „inside directors") zu berücksichtigen. Dies ist jedoch nicht immer der Fall. Tatsächlich können die betreffenden Personen auch Angestellte von Tochtergesellschaften sein, sofern sie die strategischen, finanziellen und betrieblichen Entscheidungen treffen. Darüber hinaus müssen besondere Abstimmungsmodalitäten berücksichtigt werden, aufgrund derer gewisse Personen bestimmte Entscheidungen ohne die Beteiligung anderer Personen treffen.

Der Ausdruck „Organismus für gemeinsame Anlagen in Wertpapieren"

Nur ausführliche Fassung

e) [mögliche Begriffsbestimmung von „Organismus für gemeinsame Anlagen in Wertpapieren"];[1]

[Fußnote 1: Wird in Absatz 2 eine Bestimmung zu Organismen für gemeinsame Anlagen in Wertpapieren aufgenommen (siehe Absatz 2 Buchstabe f), sollte hier eine Begriffsbestimmung des Ausdrucks „Organismus für gemeinsame Anlagen in Wertpapieren" eingefügt werden.]

77. Wie in der Fußnote zu Buchstabe e erwähnt, sollte eine Begriffsbestimmung von „Organismus für gemeinsame Anlagen in Wertpapieren" eingefügt werden, sofern in Absatz 2 Buchstabe f eine Bestimmung zu Organismen für gemeinsame Anlagen in Wertpapieren aufgenommen wird. In dieser Begriffsbestimmung sollten die unter die Bestimmung fallenden OGAW der einzelnen Vertragsstaaten aufgeführt werden. Sie könnte wie folgt lauten:

> bedeutet der Ausdruck „Organismus für gemeinsame Anlagen in Wertpapieren" im Fall von [Staat A] [ ] und im Fall von [Staat B] [ ] sowie andere in einem der beiden Vertragsstaaten niedergelassene Investmentvermögen, Gestaltungen oder Rechtsträger, die die zuständigen Behörden der Vertragsstaaten einvernehmlich als Organismen für gemeinsame Anlagen in Wertpapieren im Sinne dieses Absatzes betrachten;

78. Wie in Ziffer 6.22 des Kommentars zu Artikel 1 erläutert, sollen die noch offenen Stellen dieser Begriffsbestimmung durch Verweise auf einschlägige Steuer- oder Wertpapiervorschriften der einzelnen Staaten ergänzt werden, in denen die OGAW beschrieben werden, für die Absatz 2 Buchstabe f gelten soll.

Der Ausdruck „gleichberechtigter Begünstigter"[1]

Vereinfachte Fassung

c) bedeutet der Ausdruck „gleichberechtigter Begünstigter" eine Person, die in Bezug auf Einkünfte Anspruch auf eine durch einen Vertragsstaat nach seinem innerstaatlichen Recht, diesem Abkommen oder einer anderen völkerrechtlichen Übereinkunft gewährte Vergünstigung hätte, die verglichen mit der nach diesem Abkommen für diese Einkünfte zu gewährenden Vergünstigung gleichwertig oder vorteilhafter ist, sofern, sollte die Person in keinem der beiden Vertragsstaaten ansässig sein, zwischen dem erstgenannten Vertragsstaat und dem Ansässigkeitsstaat der Person ein Abkommen über den wirksamen und umfassenden Informationsaustausch in Steuersachen in Kraft ist. Zur Feststellung, ob eine Person in Bezug auf Dividenden ein gleichberechtigter Begünstigter ist, wird davon ausgegangen, dass die Person dasselbe Kapital, dieselben Anteile beziehungsweise dieselben Stimmrechte der die Dividenden zahlenden Gesellschaft besitzt wie die Gesellschaft, welche die Vergünstigung für die Dividenden geltend macht;

Ausführliche Fassung

[f) bedeutet der Ausdruck „gleichberechtigter Begünstigter“ eine in einem anderen Staat ansässige Person, jedoch nur, wenn diese

i) A) nach mit Absatz 2 Buchstabe a, b oder d oder Buchstabe c Ziffer i vergleichbaren Bestimmungen Anspruch auf alle Vergünstigungen eines umfassenden Doppelbesteuerungsabkommens zwischen dem anderen Staat und dem Staat hätte, bei dem die Vergünstigungen des vorliegenden Abkommens geltend gemacht werden, sofern die Person, sollte jenes Abkommen keinen umfassenden Artikel zur Beschränkung von Abkommensvergünstigungen enthalten, aufgrund des Absatzes 2 Buchstabe a, b oder d oder Buchstabe c Ziffer i Anspruch auf die Vergünstigungen des vorliegenden Abkommens hätte, wenn sie nach Artikel 4 in einem der Vertragsstaaten ansässig wäre, und

B) hinsichtlich der in den Artikeln 10, 11 und 12 genannten Einkünfte in Bezug auf die bestimmte Einkunftsart, für die nach dem vorliegenden Abkommen Vergünstigungen geltend gemacht werden, nach jenem Abkommen Anspruch auf einen mindestens ebenso niedrigen Steuersatz wie den nach dem vorliegenden Abkommen geltenden Satz hätte oder

ii) eine in einem Vertragsstaat ansässige Person ist, die aufgrund des Absatzes 2 Buchstabe a, b oder d oder Buchstabe c Ziffer i Anspruch auf die Vergünstigungen des Abkommens hat;]

[Fußnote 1: Ob eine Begriffsbestimmung von „gleichberechtigter Begünstigter“ aufgenommen wird, hängt davon ab, ob Absatz 4 eingefügt und dieser Ausdruck in Absatz 2 Buchstabe f betreffend Organismen für gemeinsame Anlagen in Wertpapieren verwendet wird.]

Kommentar zur ausführlichen Fassung

79. Die Begriffsbestimmung von „gleichberechtigter Begünstigter“ ist für die Zwecke des Kriteriums der abgeleiteten Vergünstigungen in Absatz 4 und möglicherweise auch für Absatz 2 Buchstabe f – je nachdem, wie dieser lautet – von Bedeutung.

80. Gemäß der Begriffsbestimmung gibt es zwei alternative Möglichkeiten, wie eine Person das Kriterium des „gleichberechtigten Begünstigten“ erfüllen kann.

81. Bei der ersten Alternative kann eine Person ein gleichberechtigter Begünstigter sein, weil sie gemäß einem Doppelbesteuerungsabkommen zwischen dem Quellenstaat und einem Drittstaat, in dem sie ansässig ist, Anspruch auf gleichwertige Vergünstigungen hat. Für diese Alternative gelten zwei Voraussetzungen. Gemäß der ersten Voraussetzung in Ziffer i Großbuchstabe A muss die Person nach einem geltenden Doppelbesteuerungsabkommen Anspruch auf gleichwertige Vergünstigungen haben. Um diese Voraussetzung zu erfüllen, muss die Person nach mit Absatz 2 Buchstabe a, b oder d oder Buchstabe c Ziffer i vergleichbaren Bestimmungen Anspruch auf alle Vergünstigungen eines umfassenden Doppelbesteuerungsabkommens zwischen dem Vertragsstaat, bei dem die Vergünstigungen des vorliegenden Abkommens geltend gemacht werden, und einem Drittstaat haben. Enthält das Doppelbesteuerungsabkommen keinen umfassenden Artikel zur Beschränkung von Abkommensvergünstigungen, gilt diese Voraussetzung nur dann als erfüllt, wenn die Person nach den Kriterien in Absatz 2 Buchstabe a, b oder d oder Buchstabe c Ziffer i Anspruch auf Abkommensvergünstigungen hätte, wenn sie in einem der Vertragsstaaten ansässig wäre.

82. Die zweite Voraussetzung in Ziffer i Großbuchstabe B findet nur in Bezug auf Vergünstigungen bei Dividenden, Zinsen und Lizenzgebühren Anwendung. Gemäß dieser zusätzlichen Voraussetzung muss die Person Anspruch auf einen Steuersatz haben, der mindestens ebenso niedrig ist wie der Satz, der nach dem vorliegenden Abkommen für diese Einkünfte gelten würde. Somit sind folgende Sätze zu vergleichen: 1. der Steuersatz, den der Quellenstaat erhoben hätte, wäre eine im anderen Vertragsstaat ansässige Person, die eine berechtigte Person ist, der Nutzungsberechtigte der Einkünfte, und 2.der Steuersatz, den der Quellenstaat erhoben hätte, wenn die im Drittstaat ansässige Person die Einkünfte unmittelbar aus dem Quellenstaat bezogen hätte.

83. Durch die Voraussetzung in Ziffer i Großbuchstabe A, dass eine Person Anspruch auf „alle Vergünstigungen" eines umfassenden Doppelbesteuerungsabkommens haben muss, werden die Personen ausgeschlossen, die nur für bestimmte Einkunftsarten Anspruch auf Vergünstigungen haben. Beispiel: Die in Staat C ansässige Gesellschaft CCO ist die Muttergesellschaft der in Staat A ansässigen Gesellschaft ACO. CCO ist in Staat C aktiv geschäftstätig und hätte daher Anspruch auf die Vergünstigungen eines Abkommens zwischen Staat C und Staat B, würde sie von einer Tochtergesellschaft von ACO in Staat B unmittelbar Dividenden beziehen. Dies reicht jedoch für die Anwendung von Ziffer i Großbuchstabe B des Abkommens zwischen Staat A und Staat B nicht aus. Außerdem kann CCO keine gleichberechtigte Begünstigte sein, wenn sie aufgrund einer Bestimmung über „abgeleitete Vergünstigungen" in dem Abkommen zwischen Staat A und Staat C nur in Bezug auf bestimmte Einkünfte Anspruch auf Vergünstigungen hat. Allerdings wäre eine Durchschau durch CCO auf ihre eigene Muttergesellschaft möglich, um festzustellen, ob letztere eine gleichberechtigte Begünstigte ist.

84. Die zweite Alternative zur Erfüllung des Kriteriums des „gleichberechtigten Begünstigten" in Ziffer ii steht nur Personen zur Verfügung, die in einem der Vertragsstaaten ansässig sind. Diese ansässigen Personen sind gleichberechtigte Begünstigte, wenn sie aufgrund des Absatzes 2 Buchstabe a, b oder d oder Buchstabe c Ziffer i Anspruch auf Abkommensvergünstigungen haben. Somit ist eine in einem Vertragsstaat ansässige natürliche Person unabhängig davon ein gleichberechtigter Begünstigter, ob sie Anspruch auf die gleichen Vergünstigungen hätte, wenn sie die Einkünfte unmittelbar bezogen hätte. Mit dieser zweiten Alternative wird klargestellt, dass die Beteiligung bestimmter in einem Vertragsstaat ansässiger Personen nicht dazu führt, dass eine Gesellschaft keinen Anspruch auf Abkommensvergünstigungen nach Absatz 4 hat. Gehören beispielsweise 90 Prozent einer in Staat A ansässigen Gesellschaft fünf in Staat C ansässigen Gesellschaften, die die Voraussetzungen in Ziffer i der Begriffsbestimmung erfüllen, und 10 Prozent einer in Staat A oder Staat B ansässigen natürlichen Person, kann die Gesellschaft die Voraussetzungen nach Absatz 4 Buchstabe a dennoch erfüllen.

Der Ausdruck „zweifach börsennotiertes Unternehmen"

Nur ausführliche Fassung

g) bedeutet der Ausdruck „zweifach börsennotiertes Unternehmen" eine Gestaltung, bei der zwei börsennotierte Gesellschaften zwar ihren Status als getrennte Rechtsträger sowie ihre getrennten Beteiligungen und Börsennotierungen beibehalten, ihre strategische Ausrichtung und die wirtschaftlichen Interessen ihrer jeweiligen Aktionäre jedoch aufeinander abstimmen durch

i) die Bestellung gemeinsamer (oder nahezu identischer) Aufsichts- oder Verwaltungsräte, soweit die einschlägigen aufsichtsrechtlichen Vorgaben dem nicht entgegenstehen,

ii) eine einheitliche Leitung der Geschäfte beider Gesellschaften,

iii) ausgeglichene Ausschüttungen an Aktionäre im Einklang mit einer zwischen den beiden Gesellschaften geltenden Ausgleichsquote, auch im Fall einer Abwicklung einer der Gesellschaften oder beider Gesellschaften,

iv) Abstimmungen der Aktionäre beider Gesellschaften de facto als ein einziges Entscheidungsgremium über wesentliche Fragen, die ihre gemeinsamen Interessen berühren, und

v) gegenseitige Bürgschaften oder vergleichbare finanzielle Unterstützung für die wesentlichen Verpflichtungen oder Geschäfte der jeweils anderen Gesellschaft, soweit die Auswirkungen der einschlägigen aufsichtsrechtlichen Vorgaben solchen Bürgschaften oder einer solchen finanziellen Unterstützung nicht entgegenstehen; und

85. Der Ausdruck „zweifach börsennotiertes Unternehmen" ist für die Begriffsbestimmung von „Hauptaktiengattung" von Bedeutung. Letztere wiederum ist von Bedeutung für Absatz 2 Buchstabe c, nach dem bestimmte börsennotierte Gesellschaften „berechtigte Personen" sind.

86. Die Begriffsbestimmung bezieht sich auf eine Gestaltung, die von bestimmten börsennotierten Gesellschaften genutzt wird und bei der durch eine Reihe von Vereinbarungen zwischen zwei Muttergesellschaften mit jeweils eigener Börsennotierung, ergänzt durch besondere Bestimmungen in ihren jeweiligen Satzungen, darunter in einigen Fällen z.B. die Einführung besonderer Stimmrechtsaktien, zum Ausdruck kommt, dass eine gemeinsame Geschäftsleitung und Geschäftstätigkeit, gemeinsame Aktionärsrechte sowie ein gemeinsames Ziel und Vorhaben vorliegen. Innerhalb dieser Strukturen entspricht die Stellung der Aktionäre der Muttergesellschaften so weit wie möglich der Stellung, die sie hätten, würden sie Aktien an einer Einzelgesellschaft halten, einschließlich der gleichen Dividendenberechtigung und der gleichen Rechte auf Beteiligung an den Vermögenswerten des zweifach börsennotierten Unternehmens im Fall einer Abwicklung. Die verschiedenen Bestandteile der Begriffsbestimmung beziehen sich auf die unterschiedlichen Merkmale, die diese Gestaltungen kennzeichnen.

Der Ausdruck „Anteile"

Nur ausführliche Fassung

h) bedeutet der Ausdruck „Anteile" bei Rechtsträgern, die keine Gesellschaften sind, mit Anteilen vergleichbare Rechte.

87. Der Artikel enthält keine erschöpfende Begriffsbestimmung des Ausdrucks „Anteile", der nach Artikel 3 Absatz 2 im Allgemeinen die Bedeutung haben sollte, die ihm nach dem innerstaatlichen Recht des den Artikel anwendenden Staates zukommt. Gemäß Buchstabe h bezieht sich der Ausdruck „Anteile", wenn er im Artikel in Bezug auf Rechtsträger verwendet wird, die keine Anteile ausgeben (z.B. Trusts), jedoch auf mit Anteilen vergleichbare Rechte. Dabei handelt es sich in der Regel um Eigentumsrechte, die ihre Inhaber zu einem Anteil an den Einkünften oder Vermögenswerten des Rechtsträgers berechtigten.]

Der Ausdruck „verbundenes Unternehmen“

Nur vereinfachte Fassung

d) ist eine Person ein mit einer anderen Person verbundenes Unternehmen, wenn allen Tatsachen und Umständen zufolge die eine die andere beherrscht oder beide von derselben Person oder denselben Personen beherrscht werden.

Von den zuständigen Behörden festzulegende Anwendungsmodalitäten

Nur vereinfachte Fassung

7. Die zuständigen Behörden der Vertragsstaaten können durch Verständigung regeln, wie dieser Artikel anzuwenden ist.

ii) Vorschriften in Bezug auf Gestaltungen, zu deren Hauptzwecken der Erhalt von Abkommensvergünstigungen gehört

26. Wie schon erwähnt, bietet die folgende Klausel, in der die bereits im Kommentar zu Artikel 1 des OECD-Musterabkommens anerkannten Grundsätze enthalten sind, eine allgemeinere Möglichkeit, Fällen von Abkommensmissbrauch, einschließlich Treaty-Shopping, zu begegnen, z.B. bestimmten Durchlauffinanzierungsgestaltungen, die nicht durch die besondere Missbrauchsbekämpfungsvorschrift in Abschnitt A Unterabschnitt 1 Buchstabe a Ziffer i erfasst werden (der Kommentar zur neuen Vorschrift umfasst eine Reihe von Änderungen des in der im September 2014 veröffentlichten ersten Version dieses Berichts enthaltenen Kommentars):

ARTIKEL X
ANSPRUCH AUF VERGÜNSTIGUNGEN

[Absätze 1-6: vgl. Abschnitt A Unterabschnitt 1 Buchstabe a Ziffer i]

7. Ungeachtet der sonstigen Bestimmungen dieses Abkommens wird eine Vergünstigung nach diesem Abkommen nicht für bestimmte Einkünfte oder Vermögenswerte gewährt, wenn unter Berücksichtigung aller maßgeblichen Tatsachen und Umstände die Feststellung vertretbar ist, dass der Erhalt dieser Vergünstigung einer der Hauptzwecke einer Gestaltung oder Transaktion war, die unmittelbar oder mittelbar zu dieser Vergünstigung geführt hat, es sei denn, es wird nachgewiesen, dass die Gewährung dieser Vergünstigung unter diesen Umständen mit dem Ziel und Zweck der einschlägigen Bestimmungen dieses Abkommens im Einklang steht.

Kommentar

1. Absatz 7 spiegelt die in den Ziffern 9.5, 22, 22.1 und 22.2 des Kommentars zu Artikel 1 enthaltenen Leitlinien wider. Gemäß diesen Leitlinien sollten keine Vergünstigungen nach einem Doppelbesteuerungsabkommen gewährt werden, wenn einer der Hauptzwecke bestimmter Transaktionen oder Gestaltungen die Sicherung einer Vergünstigung nach einem Doppelbesteuerungsabkommen ist und wenn der Erhalt dieser Vergünstigung unter diesen Umständen dem Ziel und Zweck der einschlägigen Bestimmungen des Doppelbesteuerungsabkommens widersprechen würde. Mit Absatz 7 werden die diesen Ziffern zugrunde liegenden Grundsätze in das Abkommen selbst aufgenommen, damit Staaten Fällen des Abkommensmissbrauchs gemäß Ziffer 22 und

22.1 des Kommentars zu Artikel 1 begegnen können, selbst wenn die jeweiligen innerstaatlichen Rechtsvorschriften dies nicht zulassen; zudem wird hier die Anwendung dieser Grundsätze für die Staaten bekräftigt, deren innerstaatliches Recht es ihnen bereits erlaubt, solchen Fällen zu begegnen.

2. Absatz 7 bewirkt, dass die Gewährung einer Abkommensvergünstigung verwehrt wird, wenn der Erhalt einer Vergünstigung aufgrund des Abkommens einen der Hauptzwecke einer Gestaltung oder Transaktion darstellt. Ist dies der Fall, ermöglicht es der letzte Teil des Absatzes allerdings derjenigen Person, der die Vergünstigung anderenfalls verwehrt bliebe, den Nachweis zu erbringen, dass der Erhalt der Vergünstigung unter diesen Umständen im Einklang mit dem Ziel und Zweck der einschlägigen Bestimmungen dieses Abkommens steht.

3. Durch Absatz 7 wird der Geltungs- und Anwendungsbereich der Absätze 1 bis 6 (LoB-Klausel) ergänzt und in keiner Weise beschränkt: Eine gemäß diesen Absätzen verwehrte Vergünstigung ist keine „Vergünstigung nach dem Abkommen", die auch nach Absatz 7 verwehrt würde. Darüber hinaus sollten die im Kommentar zu Absatz 7 enthaltenen Leitlinien nicht zur Auslegung der Absätze 1 bis 6 herangezogen werden und umgekehrt.

4. Umgekehrt bedeutet die Tatsache, dass eine Person nach den Absätzen 1 bis 6 Anspruch auf Vergünstigungen hat, nicht, dass die Vergünstigungen nicht nach Absatz 7 verwehrt werden können. Die Absätze 1 bis 6 beziehen sich primär auf die Rechtsnatur, Beteiligungsverhältnisse und allgemeinen Tätigkeiten von in einem Vertragsstaat ansässigen Personen. Wie in der nachfolgenden Ziffer beispielhaft dargestellt, bedeuten diese Vorschriften nicht, dass eine von einer ansässigen Person eingegangene Transaktion oder Gestaltung keinen Missbrauch einer Abkommensbestimmung darstellen kann.

5. Absatz 7 muss in Zusammenhang mit den Absätzen 1 bis 6 und dem übrigen Abkommen sowie der Präambel gelesen werden. Dies ist insbesondere für die Ermittlung des Ziels und Zwecks der einschlägigen Abkommensbestimmungen von Bedeutung. Hier wäre z.B. eine Aktiengesellschaft anzuführen, deren Aktien regelmäßig an einer anerkannten Börse in dem Vertragsstaat gehandelt werden, in dem die Gesellschaft ansässig ist, und die aus dem anderen Vertragsstaat Einkünfte bezieht. Sofern es sich bei der Gesellschaft um eine „berechtigte Person" im Sinne des Absatzes 2 handelt, ist offensichtlich, dass die Abkommensvergünstigungen nicht einzig aufgrund der Beteiligungsstruktur der Gesellschaft verwehrt werden sollten, weil z.B. die Mehrheit der Aktionäre der Gesellschaft nicht im selben Staat ansässig ist. Das Ziel und der Zweck des Absatzes 2 Buchstabe c besteht in der Schaffung einer Schwelle für die Abkommensberechtigung von Aktiengesellschaften, deren Aktionäre in verschiedenen Staaten ansässig sind. Allerdings bedeutet die Tatsache, dass eine solche Gesellschaft eine berechtigte Person ist, nicht, dass Vergünstigungen nicht nach Absatz 7 aus anderen Gründen als der Inhaberschaft der Aktien verwehrt werden können. So kann es sich bei der Aktiengesellschaft z.B. um eine Bank handeln, die eine Durchlauffinanzierungsgestaltung einrichtet, damit eine in einem Drittland ansässige Person indirekt von einer geringeren Quellensteuer nach einem Doppelbesteuerungsabkommen profitieren kann. In diesem Fall würde Absatz 7 Anwendung finden, um die Vergünstigung zu verwehren, da der Zweck des Absatzes 2 Buchstabe c, wenn er in Zusammenhang mit dem übrigen Abkommen und insbesondere der Präambel gelesen wird, nicht als eine Legitimation zwischen zwei Vertragsstaaten für Treaty-Shopping durch Aktiengesellschaften verstanden werden kann.

6. In Absatz 7 wird festgelegt, dass ein Vertragsstaat die Vergünstigungen eines Doppelbesteuerungsabkommens verwehren kann, wenn unter Berücksichtigung aller maßgeblichen Tatsachen und Umstände die Feststellung vertretbar ist, dass der Erhalt einer Vergünstigung nach einem Doppelbesteuerungsabkommen einer der Hauptzwecke einer Gestaltung oder Transaktion war. Mit der Bestimmung soll sichergestellt werden, dass Doppelbesteuerungsabkommen in Übereinstimmung mit dem Zweck, zu dem sie geschlossen wurden, angewandt werden, d.h. die Gewährung von Vergünstigungen in Bezug auf einen redlichen Austausch von Waren und Dienstleistungen und Kapital- und Personenverkehr und nicht für Gestaltungen, deren Hauptziel eine günstigere steuerliche Behandlung darstellt.

7. Der Ausdruck „Vergünstigung" umfasst sämtliche dem Quellenstaat nach den Artikeln 6 bis 22 des Abkommens auferlegten Einschränkungen der Besteuerung (z.B. eine Steuerermäßigung, -befreiung, -stundung oder -erstattung), die Befreiung von der Doppelbesteuerung nach Artikel 23 sowie den Schutz der ansässigen Personen und Staatsangehörigen eines Vertragsstaats nach Artikel 24 oder ähnliche Einschränkungen. Dazu gehören z.B. eingeschränkte Besteuerungsrechte eines Vertragsstaats in Bezug auf aus diesem Staat stammende Dividenden, Zinsen oder Lizenzgebühren, die nach den Artikeln 10, 11 oder 12 an eine im anderen Staat ansässige Person (als Nutzungsberechtigte) gezahlt werden. Ebenso schließt er Beschränkungen der Besteuerungsrechte eines Vertragsstaats in Bezug auf einen Veräußerungsgewinn ein, der aus der Veräußerung von beweglichem Vermögen in diesem Staat durch eine im anderen Staat ansässige Person nach Artikel 13 erzielt wird. Beinhaltet ein Doppelbesteuerungsabkommen andere Beschränkungen (wie z.B. die Anrechnung fiktiver Quellensteuern), gilt dieser Artikel auch für diese Vergünstigung.

8. Der Passus „die unmittelbar oder mittelbar zu dieser Vergünstigung geführt hat" ist bewusst breit gefasst und soll Fälle einschließen, in denen die Person, die die Anwendung von Abkommensvergünstigungen geltend macht, dies in Bezug auf eine Transaktion tun kann, zu deren Hauptzwecken es nicht gehörte, die Abkommensvergünstigung zu erhalten. Dies wird durch das folgende Beispiel verdeutlicht:

> *TCo, eine in Staat T ansässige Gesellschaft, hat alle Anteile und Schulden der in Staat S ansässigen Gesellschaft SCo erworben, die sich ehemals im Besitz der Muttergesellschaft von SCo befanden. Diese umfassen ein auf Sicht zahlbares Darlehen, das SCo zu einem Zinssatz in Höhe von 4 Prozent gewährt wurde. Da Staat T kein Doppelbesteuerungsabkommen mit Staat S hat, unterliegen die von SCo an TCo getätigten Zinszahlungen gemäß dem innerstaatlichen Recht des Staats S einer auf Zinsen erhobenen Quellensteuer in Höhe von 25 Prozent. Allerdings wird nach dem Doppelbesteuerungsabkommen zwischen Staat R und Staat S keine Quellensteuer auf Zinsen erhoben, die von einer in einem Vertragsstaat ansässigen Gesellschaft gezahlt werden und deren Nutzungsberechtigter eine im anderen Staat ansässige Gesellschaft ist; zudem enthält das betreffende Abkommen keine mit den Absätzen 1 bis 6 gleichwertigen Bestimmungen. TCo beschließt, das Darlehen im Tausch gegen drei auf Sicht zahlbare Schuldscheine mit einem Zinssatz in Höhe von 3,9 Prozent auf RCo, eine in Staat R ansässige Tochtergesellschaft, zu übertragen.*

In diesem Beispiel macht die Gesellschaft RCo die Vergünstigungen des zwischen Staat R und Staat S geschlossenen Abkommens in Bezug auf ein Darlehen geltend, das aus vernünftigen wirtschaftlichen Gründen geschlossen wurde. Ergibt der Sachverhalt aber, dass einer der Hauptzwecke der Darlehensübertragung durch TCo auf RCo darin besteht, dass RCo die Vergünstigung des zwischen Staat R und Staat S geschlossenen

Abkommens erhalten kann, dann gilt die Bestimmung, mit der diese Vergünstigung verwehrt wird, da sie indirekt aus der Darlehensübertragung resultiert.

9. Die Ausdrücke „Gestaltung oder Transaktion" sollten in einem umfassenden Sinne verstanden werden und sich unabhängig von ihrer entsprechenden rechtlichen Durchsetzbarkeit auf sämtliche Vereinbarungen, Abmachungen, Strukturen, Transaktionen oder Transaktionsserien beziehen. Sie umfassen insbesondere die Schaffung, Abtretung, den Erwerb oder die Übertragung von Einkünften bzw. von Vermögenswerten oder Rechten, in deren Zusammenhang die Einkünfte entstehen. Diese Ausdrücke umfassen auch Gestaltungen in Bezug auf die Errichtung, den Erwerb oder die Unterhaltung einer Person, die die Einkünfte bezieht, einschließlich der Qualifizierung dieser Person als in einem der Vertragsstaaten ansässige Person, und beinhalten Schritte, die Personen selbst unternehmen können, um eine Ansässigkeit zu begründen. Ein Beispiel für eine „Gestaltung" ist, wenn Schritte unternommen werden, um sicherzustellen, dass Aufsichts- und Verwaltungsratssitzungen einer Gesellschaft in einem anderen Land stattfinden, damit ein Ansässigkeitswechsel der Gesellschaft geltend gemacht werden kann. Dabei kann bereits eine einzelne Transaktion zu einer Vergünstigung führen oder in Zusammenhang mit einer aufwendigen Transaktionsserie stattfinden, die in ihrer Gesamtheit zu der Vergünstigung führt. In beiden Fällen kann Absatz 7 angewendet werden.

10. Zur Feststellung, ob einer der Hauptzwecke einer Gestaltung oder Transaktion einer Person darin besteht, Abkommensvergünstigungen zu erhalten, muss eine objektive Analyse der Zwecke und Ziele aller bei der Schaffung der Gestaltung oder Transaktion beteiligten Personen oder Parteien durchgeführt werden. Die Feststellung der Zwecke einer Gestaltung oder Transaktion basiert auf einer Tatsachenfrage, die nur unter Berücksichtigung aller der Gestaltung bzw. Transaktion zugrunde liegenden Umstände im Einzelfall beantwortet werden kann. Dabei ist es nicht erforderlich, zwingende Beweise für die Absicht einer an einer Gestaltung oder Transaktion beteiligten Person zu finden. Allerdings muss nach einer objektiven Analyse der maßgeblichen Tatsachen und Umstände vertretbar festgestellt werden können, dass der Erhalt von Abkommensvergünstigungen einen der Hauptzwecke der Gestaltung oder Transaktion darstellt. Jedoch sollte nicht leichtfertig davon ausgegangen werden, dass der Erhalt einer Abkommensvergünstigung einer der Hauptzwecke einer Gestaltung oder Transaktion war. Eine reine Überprüfung der Auswirkungen einer Gestaltung lässt in der Regel keine Schlussfolgerung auf deren Zwecke zu. Lässt sich hingegen eine Gestaltung nur nachvollziehbar durch das Entstehen einer Abkommensvergünstigung erklären, kann festgehalten werden, dass einer der Hauptzwecke dieser Gestaltung der Erhalt der Vergünstigung war.

11. Eine Person kann die Anwendung dieses Absatzes nicht umgehen, indem sie lediglich versichert, dass die Gestaltung oder Transaktion nicht zwecks Erhalts der Abkommensvergünstigungen geschaffen bzw. durchgeführt wurde. Sämtliche Beweise müssen abgewogen werden, um vertretbar feststellen zu können, dass eine Gestaltung oder Transaktion zu solch einem Zweck geschaffen bzw. durchgeführt wurde. Bei der Feststellung gilt der Grundsatz der Vertretbarkeit, wobei die Möglichkeit unterschiedlicher Auslegungen der Sachverhalte objektiv berücksichtigt werden muss.

12. Der Verweis auf „ein[en] der Hauptzwecke" in Absatz 7 bedeutet, dass der Erhalt einer Abkommensvergünstigung weder der einzige noch der vorherrschende Zweck einer Gestaltung oder Transaktion sein muss. Es genügt, wenn der Erhalt der Vergünstigung zumindest einen der Hauptzwecke darstellt. So kann eine Person z.B. aus verschiedenen Gründen Vermögen veräußern. Wird diese Person aber vor der Veräußerung in einem der Vertragsstaaten ansässig und liegt einer der Hauptzwecke hierfür im Erhalt einer Abkommensvergünstigung, könnte Absatz 7 ungeachtet der Tatsache Anwendung finden, dass dem Ansässigkeitswechsel auch andere Hauptzwecke, wie z.B. eine leichtere Vermögensveräußerung oder Wiederanlage der Veräußerungserlöse, zugrunde liegen können.

13. Ein Zweck stellt keinen Hauptzweck dar, wenn unter Berücksichtigung aller maßgeblichen Tatsachen und Umstände die Feststellung vertretbar ist, dass der Erhalt der Vergünstigung nicht im Vordergrund stand und keine Gestaltung oder Transaktion gerechtfertigt hätte, die für sich genommen oder in Verbindung mit anderen Transaktionen zu der Vergünstigung geführt hat. Insbesondere, wenn eine Gestaltung untrennbar mit einer gewerblichen Kerntätigkeit verbunden ist und ihre Form nicht auf Überlegungen zum Erhalt einer Vergünstigung zurückzuführen ist, ist es unwahrscheinlich, dass der Erhalt der Vergünstigung als ihr Hauptzweck angesehen wird. Wird eine Gestaltung allerdings zum Erhalt ähnlicher Vergünstigungen im Rahmen mehrerer Abkommen geschaffen, heißt dies nicht, dass aufgrund des Erhalts von Vergünstigungen aus anderen Abkommen der Erhalt einer Vergünstigung aus einem Abkommen nicht als Hauptzweck für die Gestaltung gewertet werden kann. Beispiel: Eine in Staat A steuerlich ansässige Person richtet eine Durchlaufgestaltung mit einem in Staat B ansässigen Finanzinstitut ein, damit dieses Finanzinstitut für die in Staat A steuerlich ansässige Person als letztlich Begünstigte in Anleihen investiert, die in vielen Staaten ausgegeben werden, mit denen Staat B, nicht aber Staat A, Doppelbesteuerungsabkommen geschlossen hat. Geht aus den Tatsachen und Umständen deutlich hervor, dass der Hauptzweck der Gestaltung der Erhalt der Vergünstigungen dieser Doppelbesteuerungsabkommen darstellt, sollte nicht davon ausgegangen werden, dass der Erhalt einer Vergünstigung aus einem bestimmten Abkommen nicht einer der Hauptzwecke der Gestaltung war. Auch Zwecke im Zusammenhang mit der Umgehung des innerstaatlichen Rechts sollten nicht als Argument dafür herangezogen werden, dass der Erhalt einer Abkommensvergünstigung lediglich ein Nebenzweck war.

14. Die folgenden Beispiele veranschaulichen die Anwendung dieses Absatzes (die Beispiele in Absatz 19 sollten auch berücksichtigt werden, wenn festgestellt wird, ob und wann der Absatz im Fall von Durchlaufgestaltungen Anwendung finden würde):

- Beispiel A: TCo, eine in Staat T ansässige Gesellschaft, ist im Besitz von Aktien der in Staat S an der Börse notierten Gesellschaft SCo. Staat T hat kein Doppelbesteuerungsabkommen mit Staat S. Deshalb unterliegen die von SCo an TCo getätigten Dividendenzahlungen nach dem innerstaatlichen Recht des Staats S einer auf Dividenden erhobenen Quellensteuer in Höhe von 25 Prozent. Allerdings wird nach dem Doppelbesteuerungsabkommen zwischen Staat R und Staat S auf die Dividenden, die von einer in einem Vertragsstaat ansässigen Gesellschaft gezahlt werden und deren Nutzungsberechtigter eine in dem anderen Staat ansässige Gesellschaft ist, keine Quellensteuer erhoben. TCo schließt eine Vereinbarung mit einem unabhängigen Finanzinstitut RCo ab, das in Staat R ansässig ist. Gemäß dieser Vereinbarung überträgt TCo das Recht auf die Dividendenzahlung, die zwar festgesetzt, aber noch nicht von SCo getätigt wurde, auf RCo.

  In diesem Beispiel wäre mangels anderer Tatsachen und Umstände, die Gegenteiliges beweisen, die Feststellung vertretbar, dass einer der Hauptzwecke der Gestaltung, bei der TCo das Recht auf die Dividendenzahlung auf RCo *übertragen hat, darin besteht, dass RCo die Vergünstigung der Befreiung von der Quellenbesteuerung auf Dividenden aufgrund des Doppelbesteuerungsabkommens zwischen Staat R und Staat S erhalten kann, und die Gewährung dieser Befreiung im Rahmen dieser Treaty-Shopping-Gestaltung dem Ziel und Zweck des Doppelbesteuerungsabkommens widersprechen würde.*

- *Beispiel B: SCo, eine in Staat S ansässige Gesellschaft, ist die Tochtergesellschaft von TCo, einer in Staat T ansässigen Gesellschaft. Da Staat T kein Doppelbesteuerungsabkommen mit Staat S hat, unterliegt die Zahlung von Dividenden durch SCo an TCo nach dem innerstaatlichen Recht in Staat S einer Quellensteuer auf Dividenden in Höhe von 25 Prozent. Nach dem Doppelbesteuerungsabkommen zwischen Staat R und Staat S beträgt der anwendbare Quellensteuersatz auf Dividenden, die von einer in Staat S ansässigen Gesellschaft an eine in Staat R ansässige Person gezahlt werden, jedoch 5 Prozent. Deshalb schließt TCo mit RCo, einem in Staat R ansässigen Finanzinstitut und einer nach Absatz 3 Buchstabe a dieses Artikels berechtigten Person, eine Vereinbarung, nach der RCo die Nutzungsrechte an von SCo neu ausgegebenen stimmrechtslosen Vorzugsaktien für einen Zeitraum von drei Jahren erwirbt. TCo ist lediglich der Aktieninhaber. Aufgrund des Nutzungsrechts hat RCo Anspruch auf die mit den Vorzugsaktien verbundenen Dividenden. Der von RCo gezahlte Betrag zum Erwerb der Nutzungsrechte entspricht dem Barwert der Dividenden, die auf die Vorzugsaktien über einen Zeitraum von drei Jahren zu zahlen sind (mit dem Satz abgezinst, der für ein Darlehen von RCo an TCo gelten würde).*

  In diesem Beispiel wäre mangels anderer Tatsachen und Umstände, die Gegenteiliges beweisen, die Feststellung vertretbar, dass einer der Hauptzwecke der Gestaltung, bei der RCo die Nutzungsrechte an den von SCo ausgegebenen Vorzugsaktien erworben hat, darin besteht, die Vergünstigung der reduzierten Quellenbesteuerung in Höhe von 5 Prozent auf Dividenden aufgrund des Doppelbesteuerungsabkommens zwischen Staat R und Staat S zu erhalten, und die Gewährung dieser Reduzierung im Rahmen dieser Treaty-Shopping-Gestaltung dem Ziel und Zweck des Doppelbesteuerungsabkommens widersprechen würde.

- *Beispiel C: RCo, eine in Staat R ansässige Gesellschaft, die elektronische Geräte herstellt, verzeichnet ein schnelles Wachstum. Daher werden in der Gesellschaft Überlegungen angestellt, ein Produktionswerk in einem Entwicklungsland zu errichten, in dem die Produktionskosten geringer sind. Nach einer ersten Prüfung werden mögliche Standorte in drei unterschiedlichen Ländern identifiziert. In allen drei Ländern herrschen ähnliche wirtschaftliche und politische Rahmenbedingungen. In Anbetracht der Tatsache, dass Staat S der einzige Staat ist, mit dem Staat R ein Doppelbesteuerungsabkommen hat, beschließt die Gesellschaft, das Werk dort zu errichten.*

  Zwar wird in diesem Beispiel die Entscheidung, in Staat S zu investieren, vor dem Hintergrund der aus dem Doppelbesteuerungsabkommen zwischen Staat R und Staat S resultierenden Vergünstigungen getroffen. Es ist allerdings auch ersichtlich, dass die Hauptzwecke der Investition und des Anlagebaus in der Ausweitung der Geschäftstätigkeit der Gesellschaft RCo sowie den geringeren Produktionskosten in jenem Land bestehen. In diesem Fall ist die Feststellung nicht vertretbar, dass einer der Hauptzwecke der Errichtung der Werksanlage der Erhalt von Abkommensvergünstigungen ist. Da die Förderung grenzüberschreitender Investitionen ein allgemeines Ziel von Doppelbesteuerungsabkommen ist, steht der Erhalt von Vergünstigungen, die sich aus dem Abkommen zwischen Staat R und Staat S ergeben und in Zusammenhang mit der Investition in die Werksanlage in Staat S stehen, hier mit dem Ziel und Zweck der Bestimmungen des Abkommens im Einklang.

- *Beispiel D: RCo, ein in Staat R ansässiger Organismus für gemeinsame Anlagen in Wertpapieren (OGAW), verwaltet ein diversifiziertes Investmentportfolio auf dem internationalen Finanzmarkt. Aktuell besteht der Wertpapierbestand von RCo zu 15 Prozent aus Aktien von in Staat S ansässigen Gesellschaften, für die er jährliche Dividenden erhält. Nach dem Doppelbesteuerungsabkommen zwischen Staat R und Staat S reduziert sich der Quellensteuersatz auf Dividenden von 30 Prozent auf 10 Prozent.*

  Steuerliche Vergünstigungen, die sich aus dem umfassenden Netz an Doppelbesteuerungsabkommen ergeben, die Staat R geschlossen hat, werden bei den Investitionsentscheidungen von RCo berücksichtigt. Die Mehrheit der Investoren, die in RCo anlegen, ist in Staat R ansässig. Allerdings sind einige Investoren (Minderheitsinvestoren) in Staaten ansässig, mit denen Staat S kein Doppelbesteuerungsabkommen hat. Die Entscheidung der Investoren, in RCo zu investieren, beruht nicht auf einer speziellen von RCo getätigten Investition, und die Investitionsstrategie von RCo basiert nicht auf dem steuerlichen Status seiner Investoren. Jedes Jahr schüttet RCo fast seine gesamten Einkünfte an seine Investoren aus und entrichtet auf die nicht im Laufe des Jahres ausgeschütteten Einkünfte Steuern in Staat R.

  Bei der Entscheidung, in Aktien von in Staat S ansässigen Gesellschaften zu investieren, hat RCo das Vorhandensein einer Vergünstigung in Bezug auf Dividenden nach dem Doppelbesteuerungsabkommen zwischen Staat R und Staat S berücksichtigt. Dies alleine reicht aber nicht aus, damit Absatz 7 greift. Das Ziel von Doppelbesteuerungsabkommen besteht darin, Vergünstigungen zu gewähren, um grenzüberschreitende Investitionen zu fördern. Zur Feststellung, ob Absatz 7 auf eine Investition anwendbar ist, gilt es, den Kontext, in dem die Investition getätigt wurde, zu berücksichtigen. Sofern die Investition durch RCo in diesem Fall kein Bestandteil einer Gestaltung ist oder in Zusammenhang mit einer anderen Transaktion steht, deren Hauptzweck darin besteht, Abkommensvergünstigungen zu erhalten, ist es nicht vertretbar, RCo die aus dem Doppelbesteuerungsabkommen zwischen Staat R und Staat S resultierende Vergünstigung zu versagen.

- *Beispiel E: RCo, eine in Staat R ansässige Gesellschaft, hat in den vergangenen fünf Jahren 24 Prozent der Aktien der in Staat S ansässigen Gesellschaft SCo gehalten. Nach Inkrafttreten eines Doppelbesteuerungsabkommens zwischen den Staaten R und S (dessen Artikel 10 mit Artikel 10 dieses Musterabkommens identisch ist) beschließt RCo, ihre Beteiligung an der Gesellschaft SCo auf 25 Prozent zu erhöhen. Aus den Tatsachen und Umständen wird ersichtlich, dass die Entscheidung, zusätzliche Aktien zu erwerben, hauptsächlich zum Erhalt der Vergünstigung des geringeren Steuersatzes nach Artikel 10 Ziffer 2 Buchstabe a des Abkommens erfolgte.*

  Obwohl einer der Hauptzwecke für die Transaktion, durch die zusätzliche Aktien erworben werden, in diesem Fall eindeutig der Erhalt der Vergünstigung nach Artikel 10 Absatz 2 Buchstabe a ist, greift Absatz 7 hier nicht, da nachgewiesen werden kann, dass die Gewährung der Vergünstigung unter diesen Umständen dem Ziel und Zweck von Artikel 10 Absatz 2 Buchstabe a entspricht. Darin wird ein willkürlicher Schwellenwert in Höhe von 25 Prozent herangezogen, um zu bestimmen, welche Aktionäre Anspruch auf den niedrigeren Dividendensteuersatz haben, und diesem Ansatz entspricht es durchaus, jenen Steuerpflichtigen die Vergünstigungen nach Buchstabe a zu gewähren, die ihre Beteiligung an einer Gesellschaft tatsächlich erhöhen, um die entsprechende Voraussetzung zu erfüllen.

- *Beispiel F: TCo ist eine in Staat T ansässige börsennotierte Gesellschaft. Das in Staat T entwickelte Informationstechnologiegeschäft von TCo verzeichnete in den vergangenen Jahren infolge einer aggressiven Fusions- und Übernahmestrategie der Geschäftsleitung von TCo ein beträchtliches Wachstum. RCo, eine in Staat R ansässige Gesellschaft (einem Staat, der zahlreiche Doppelbesteuerungsabkommen geschlossen hat, die keine oder eine geringe Quellenbesteuerung von Dividenden und Lizenzgebühren vorsehen), ist eine in Familienbesitz befindliche Holdinggesellschaft einer Unternehmensgruppe, die ebenfalls im Informationstechnologiesektor tätig ist. Nahezu alle Anteile von RCo werden von in Staat R ansässigen Personen gehalten, die Angehörige des Unternehmers sind, der das Geschäft der RCo-Gruppe auf dem Markt eingeführt und entwickelt hat. Bei den wesentlichen Vermögenswerten von RCo handelt es sich um Anteile von Tochtergesellschaften in Nachbarländern, darunter die in Staat S ansässige Gesellschaft SCo, sowie um Patente, die in Staat R entwickelt und an diese Tochtergesellschaften lizenziert wurden. TCo ist seit langem an der Übernahme des Geschäfts der RCo-Gruppe sowie ihres Patentbestands interessiert und hat ein Angebot für den Erwerb aller Anteile von RCo vorgelegt.*

  In diesem Beispiel wäre mangels anderer Tatsachen und Umstände, die Gegenteiliges beweisen, die Feststellung vertretbar, dass die Hauptzwecke der Übernahme von RCo in Zusammenhang mit der Expansion des Geschäfts der TCo-Gruppe und nicht mit dem Erhalt von Vergünstigungen im Rahmen des Abkommens zwischen Staat R und Staat S stehen. Die Tatsache, dass RCo in erster Linie als Holdinggesellschaft fungiert, hat keinen Einfluss auf dieses Ergebnis. Es ist durchaus möglich, dass die Geschäftsleitung von TCo nach dem Erwerb der Anteile von RCo die Vergünstigungen des zwischen Staat R und Staat S geschlossenen Doppelbesteuerungsabkommens berücksichtigt, bevor sie entscheidet, die Anteile von SCo und die an SCo lizenzierten Patente bei RCo zu belassen. Dies wäre jedoch kein Zweck, der mit der maßgeblichen Transaktion, d.h. dem Erwerb der Anteile von RCo, in Verbindung steht.

- *Beispiel G: TCo ist eine in Staat T ansässige börsennotierte Gesellschaft. Sie ist mittelbarer oder unmittelbarer Eigentümer einer Reihe von Tochtergesellschaften in verschiedenen Ländern. Die meisten dieser Gesellschaften üben das Geschäft der TCo-Gruppe an den lokalen Märkten aus. In einer Region ist TCo Eigentümer der Anteile von fünf solchen Gesellschaften, die jeweils in verschiedenen Nachbarstaaten gelegen sind. TCo erwägt die Gründung einer regionalen Gesellschaft, die Konzerndienstleistungen für diese Gesellschaften erbringen soll; dazu zählen beispielsweise Verwaltungsdienstleistungen wie Rechnungslegung, Rechtsberatung und Personaldienstleistungen, Finanzierungs- und Finanzdienstleistungen wie die Verwaltung von Währungsrisiken und die Durchführung von Absicherungsgeschäften sowie einige andere nichtfinanzbezogene Dienstleistungen. Nach einer Prüfung der möglichen Standorte beschließt TCo, die regionale Gesellschaft RCo in Staat R zu gründen. Diese Entscheidung ist hauptsächlich zurückzuführen auf die qualifizierten Arbeitskräfte, das zuverlässige Rechtssystem, das wirtschaftsfreundliche Umfeld, die politische Stabilität, die Mitgliedschaft in einem regionalen Zusammenschluss, den ausgereiften Bankensektor sowie das umfassende Netzwerk von Doppelbesteuerungsabkommen des Staates R, darunter Doppelbesteuerungsabkommen mit den fünf Staaten, in denen TCo Tochtergesellschaften besitzt, die alle geringe Quellensteuersätze vorsehen.*

In diesem Beispiel würde die reine Überprüfung der Auswirkungen der Abkommen auf zukünftige Zahlungen der Tochtergesellschaften an die regionale Gesellschaft keine Schlussfolgerung auf die Zwecke der Gründung von RCo durch TCo zulassen. In der Annahme, dass die von RCo zu erbringenden konzerninternen Dienstleistungen, einschließlich der zur Ausübung des Geschäfts erforderlichen Entscheidungen, tatsächlich ein Geschäft darstellen, über das RCo unter Verwendung realer Vermögenswerte und durch Übernahme realer Risiken wesentliche wirtschaftliche Funktionen ausübt, und dass dieses Geschäft durch eigene Mitarbeiter, die in Staat R tätig sind, von RCo ausgeübt wird, wäre es nicht vertretbar, die Vergünstigungen der zwischen Staat R und den fünf Staaten, in denen die Tochtergesellschaften tätig sind, geschlossenen Doppelbesteuerungsabkommen zu verwehren, es sei denn, andere Tatsachen deuten darauf hin, dass RCo zu sonstigen steuerlichen Zwecken gegründet wurde, oder RCo führt spezifische Transaktionen durch, auf die Absatz 7 anwendbar ist (siehe auch Beispiel F in Ziffer 19 im Hinblick auf Zinsen und sonstige Vergütungen, die RCo unter Umständen aus den Konzernfinanzierungsaktivitäten bezieht).

- *Beispiel H: TCo ist eine in Staat T ansässige Gesellschaft, die an der Börse von Staat T notiert ist. Sie ist die Muttergesellschaft eines multinationalen Konzerns, das eine Reihe globaler Geschäftstätigkeiten ausübt (Großhandel, Einzelhandel, Fertigung, Investitionen, Finanzen usw.). Probleme in Zusammenhang mit dem Transport, Zeitunterschiede, die begrenzte Verfügbarkeit von Personal mit fließenden Fremdsprachenkenntnissen sowie der ausländische Standort von Geschäftspartnern erschweren TCo die Verwaltung ihrer Auslandsaktivitäten von Staat T aus. TCo gründet daher RCo, eine in Staat R ansässige Tochtergesellschaft (einem Land mit entwickelten internationalen Handels- und Finanzmärkten sowie einem Überfluss an hochqualifizierten Arbeitskräften), die als Basis für die Entwicklung der Auslandsgeschäftsaktivitäten der Gesellschaft dienen soll.RCo übernimmt verschiedene Geschäftstätigkeiten, z.B. in den Bereichen Großhandel, Einzelhandel, Fertigung, Finanzierung sowie Investitionen im In- und Ausland. RCo verfügt über die personellen und finanziellen Ressourcen (in verschiedenen Bereichen wie Recht, Finanzen, Rechnungslegung, Besteuerung, Risikomanagement, Abschlussprüfung und interne Kontrolle), die für die Durchführung dieser Tätigkeiten erforderlich sind. Es ist offensichtlich, dass die Aktivitäten von RCo eine aktiv in Staat R ausgeübte Geschäftstätigkeit darstellen.*

  Zu den Tätigkeiten von RCo zählt auch die Entwicklung neuer Produktionsanlagen in Staat S. Zu diesem Zweck stellt sie SCo, einer in Staat S ansässigen Tochtergesellschaft, die RCo gegründet hat, damit sie als Eigentümer der Anlagen fungiert, Eigenkapital und Darlehen zur Verfügung. RCo erhält Dividenden und Zinsen von SCo.

  In diesem Beispiel wurde RCo aus Gründen der geschäftlichen Effizienz gegründet, und die Finanzierung von SCo durch Eigenkapital und Darlehen ist Bestandteil der aktiv ausgeübten Geschäftstätigkeit von RCo in Staat R. Aufgrund dieser Tatsachen und mangels anderer Tatsachen, die darauf hindeuten, dass einer der Hauptzwecke der Gründung von RCo oder der Finanzierung von SCo der Erhalt von Vergünstigungen im Rahmen des zwischen Staat R und S geschlossenen Abkommens war, wäre Absatz 7 nicht auf diese Transaktionen anwendbar.

- *Beispiel I: RCo, eine in Staat R ansässige Gesellschaft, ist eine von mehreren Verwertungsgesellschaften, die im Namen von Inhabern von verwandten Schutzrechten und Urheberrechten Lizenzen für das öffentliche Abspielen von Musik oder für die Übertragung dieser Musik im Radio, Fernsehen oder Internet erteilen. SCo, eine in Staat S ansässige Gesellschaft, übt eine ähnliche Tätigkeit in Staat S aus. Interpreten und Urheberrechtsinhaber aus verschiedenen Ländern beauftragen RCo oder SCo als ihren Agenten, der für die von ihnen beanspruchten Urheber- und verwandten Schutzrechte Lizenzen erteilt und Lizenzgebühren erhält; RCo und SCo zahlen jedem Rechtsinhaber den Lizenzgebührbetrag, den sie im Namen dieses Inhabers erhalten, abzüglich einer Provision (in den meisten Fällen ist der jeweils an die Rechtsinhaber gezahlte Betrag relativ gering). RCo hat eine Vereinbarung mit SCo geschlossen, nach der SCo für die von RCo verwalteten Rechte Lizenzen an Nutzer in Staat S erteilt und Lizenzgebühren an RCo zahlt; RCo tut im Hinblick auf die von SCo verwalteten Rechte dasselbe in Staat R. SCo hat mit der Steuerverwaltung in Staat S vereinbart, dass die Quellensteuer auf die an RCo geleisteten Lizenzgebührzahlungen auf der Grundlage der geltenden Abkommen zwischen Staat S und dem Staat, in dem der jeweilige von RCo vertretene Rechtsinhaber ansässig ist, anhand der von RCo bereitgestellten Informationen verarbeitet wird, da diese Rechtsinhaber die Nutzungsberechtigten der von SCo an RCo gezahlten Lizenzgebühren sind.*

  In diesem Beispiel ist offensichtlich, dass die Gestaltungen zwischen den Rechtsinhabern und RCo und SCo sowie zwischen SCo und RCo geschaffen wurden, um die Lizenzerteilung und die Lizenzgebührerhebung für eine große Anzahl kleiner Transaktionen effizient zu verwalten. Einer der Zwecke für die Einrichtung dieser Gestaltungen besteht unter Umständen durchaus darin sicherzustellen, dass die Quellensteuer zu dem korrekten Abkommenssatz erhoben wird, ohne dass jeder einzelne Rechtsinhaber eine Erstattung für kleine Zahlungen beantragen muss, was umständlich und kostspielig wäre. Es ist jedoch offensichtlich, dass dieser Zweck, der auf eine korrekte und effiziente Anwendung der Doppelbesteuerungsabkommen abzielt, dem Ziel und Zweck der einschlägigen Bestimmungen der geltenden Abkommen entsprechen würde.

- *Beispiel J: RCo ist eine in Staat R ansässige Gesellschaft. Sie hat ein erfolgreiches Angebot für den Bau eines Kraftwerks für SCo, ein in Staat S ansässiges unabhängiges Unternehmen, vorgelegt. Dieses Bauprojekt soll 22 Monate dauern. Im Rahmen der Vertragsverhandlungen wird das Projekt in zwei verschiedene Verträge mit einer Dauer von jeweils 11 Monaten aufgeteilt. Der erste Vertrag wird mit RCo und der zweite Vertrag mit SUBCO geschlossen, einer kürzlich eingegliederten hundertprozentigen Tochtergesellschaft von RCo, die in Staat R ansässig ist. Um sicherzustellen, dass RCo vertraglich für die Erfüllung der beiden Verträge haftbar ist, wurden die vertraglichen Vereinbarungen auf Wunsch von SCo so gestaltet, dass RCo und SUBCO gesamtschuldnerisch für die Erfüllung der vertraglichen Pflichten von SUBCO im Rahmen des Vertrags zwischen SUBCO und SCo haftbar sind.*

> *In diesem Beispiel wäre mangels anderer Tatsachen und Umstände, die Gegenteiliges beweisen, die Feststellung vertretbar, dass einer der Hauptzwecke des separaten Vertragsabschlusses, mit dem sich SUBCO zur Erfüllung eines Teils des Bauprojekts verpflichtet hat, für RCo und SUBCO darin besteht, jeweils die Vergünstigung der Vorschrift in Artikel 5 Absatz 3 des Doppelbesteuerungsabkommens zwischen Staat R und Staat S zu erhalten. Die Gewährung der Vergünstigung nach dieser Vorschrift würde unter diesen Umständen dem Ziel und Zweck des Absatzes widersprechen, da die Zeitbeschränkung dieses Absatzes gegenstandslos wäre.*

15. In einigen Staaten unterliegt die Anwendung der allgemeinen Vorschriften zur Missbrauchsbekämpfung, die in den innerstaatlichen Rechtsvorschriften zu finden sind, einer bestimmten Form von Genehmigungsverfahren. In einigen Fällen sieht das Verfahren eine interne Weiterleitung von Streitigkeiten bezüglich solcher Bestimmungen für leitende Beamte in der Verwaltung vor. In anderen Fällen ermöglicht es das Verfahren, dass Beratungsgremien ihre Auffassung zur Anwendung der Vorschrift an die Verwaltung übermitteln. Diese Formen von Genehmigungsverfahren spiegeln die erhebliche Bedeutung von Streitigkeiten in diesem Bereich wider und fördern eine einheitliche Anwendung der Vorschrift. Unter Umständen wünschen die Staaten die Einrichtung eines ähnlichen administrativen Verfahrens, welches gewährleistet, dass Absatz 7 nur nach Genehmigung auf leitender Ebene innerhalb der Verwaltung zur Anwendung kommt.

16. Einige Staaten vertreten außerdem die Auffassung, dass, wenn einer Person nach Absatz 7 eine Abkommensvergünstigung verwehrt wird, die zuständige Behörde des Vertragsstaats, der die Vergünstigung anderenfalls gewährt hätte, die Möglichkeit haben sollte, diese Person so zu behandeln, als hätte sie Anspruch auf diese Vergünstigung oder auf andere Vergünstigungen für entsprechende Einkünfte oder Vermögenswerte, wenn diese Person die Vergünstigungen ohne die Transaktion oder Gestaltung, die für die Anwendung des Absatzes 7 maßgeblich war, erhalten hätte. Um diese Möglichkeit einzuräumen, können diese Staaten folgenden zusätzlichen Absatz in ihre zweiseitigen Abkommen aufnehmen:

> *8. Wird einer Person nach Absatz 7 eine Vergünstigung im Rahmen dieses Abkommens verwehrt, so behandelt die zuständige Behörde des Vertragsstaats, der diese Vergünstigung anderenfalls gewährt hätte, diese Person gleichwohl so, als hätte sie Anspruch auf diese Vergünstigung oder auf andere Vergünstigungen für bestimmte Einkünfte oder Vermögenswerte, wenn die zuständige Behörde auf Ersuchen dieser Person und nach Prüfung der maßgeblichen Tatsachen und Umstände feststellt, dass dieser Person die Vergünstigungen ohne die in Absatz 7 genannte Transaktion oder Gestaltung gewährt worden wären. Die ersuchte zuständige Behörde des Vertragsstaats konsultiert die zuständige Behörde des anderen Staates, bevor sie ein Ersuchen ablehnt, das eine im anderen Staat ansässige Person nach diesem Absatz gestellt hat.*

17. Zum Zweck dieser alternativen Bestimmung liegt die Feststellung, dass Vergünstigungen ohne die in Absatz 7 genannte Transaktion oder Gestaltung gewährt worden wären, sowie die Feststellung der zu gewährenden Vergünstigungen im Ermessen der ersuchten zuständigen Behörde. Die alternative Bestimmung räumt der zuständigen Behörde zum Zweck dieser Feststellungen weitreichenden Ermessensspielraum ein. Sie verpflichtet sie jedoch zur Prüfung der maßgeblichen Tatsachen und Umstände, bevor sie eine Entscheidung trifft, sowie zur Konsultation der zuständigen Behörde des anderen Vertragsstaats, bevor sie ein Ersuchen um Gewährung von Vergünstigungen ablehnt, wenn dieses Ersuchen von einer in dem anderen Staat ansässigen Person gestellt wurde. Während mit dem ersten Erfordernis sichergestellt werden soll, dass die zuständige Behörde jedes Ersuchen einzeln prüft, soll mit dem Erfordernis, die zuständige Behörde des anderen Vertragsstaats zu konsultieren, wenn das Ersuchen von einer in dem anderen Staat ansässigen Person gestellt wurde, sichergestellt werden, dass die Vertragsstaaten ähnliche Fälle einheitlich behandeln und ihre Entscheidung anhand der Tatsachen und Umstände des konkreten Falls begründen können. Im Rahmen dieses Konsultationsprozesses muss die ersuchte zuständige Behörde die Zustimmung der konsultierten zuständigen Behörde jedoch nicht einholen.

18. Das folgende Beispiel veranschaulicht die Anwendung der alternativen Bestimmung: Angenommen, eine in Staat R ansässige natürliche Person, die Anteile an einer in Staat S ansässigen Gesellschaft hält, tritt das Recht auf den Erhalt von Dividenden, die von dieser Gesellschaft festgesetzt wurden, an eine in Staat R ansässige andere Gesellschaft ab, die mehr als 10 Prozent der Vermögenswerte der zahlenden Gesellschaft hält, und der Hauptzweck besteht darin, den geringeren Quellensteuersatz nach Artikel 10 Absatz 2 Buchstabe a in Anspruch nehmen zu können. Falls in diesem Fall festgestellt wird, dass die in diesem Buchstaben geregelte Vergünstigung nach Absatz 7 verwehrt werden sollte, würde die alternative Bestimmung es der zuständigen Behörde in Staat S erlauben, die Vergünstigung des geringeren Steuersatzes nach Artikel 10 Absatz 2 Buchstabe b zu gewähren, wenn die zuständige Behörde feststellt, dass diese Vergünstigung ohne die Abtretung des Rechts auf den Erhalt von Dividenden an eine andere Gesellschaft gewährt worden wäre.

19. Unter Umständen sind einige Staaten aus unterschiedlichen Gründen nicht in der Lage, die in Absatz 7 enthaltene Vorschrift zu akzeptieren. Um allen Formen des Treaty-Shopping effektiv zu begegnen, müssen diese Staaten die LoB-Klausel gemäß den Absätzen 1 bis 6 jedoch durch Vorschriften ergänzen, die Treaty-Shopping-Strategien begegnen, die gemeinhin als „Durchlaufgestaltungen" bezeichnet werden und nicht von diesen Absätzen erfasst werden. Diese Vorschriften würden solche Durchlaufgestaltungen berücksichtigen, indem Vergünstigungen aufgrund des Abkommens oder einzelner Abkommensbestimmungen (z.B. der Artikel 7, 10, 11, 12 und 21) nicht für Einkünfte gewährt werden, die im Rahmen einer Durchlaufgestaltung erzielt werden. Dies kann auch in Form von innerstaatlichen Missbrauchsbekämpfungsvorschriften oder Rechtsgrundsätzen erfolgen, mit denen ein ähnliches Ergebnis erzielt wird. Im Folgenden werden Beispiele für Durchlaufgestaltungen genannt, die durch solche Vorschriften abgedeckt werden sollten, sowie Beispiele für Transaktionen, die zu diesem Zweck nicht als Durchlaufgestaltungen zu betrachten sind:

- *Beispiel A: RCo, eine in Staat R ansässige börsennotierte Gesellschaft, besitzt alle Anteile an der in Staat S ansässigen Gesellschaft SCo. TCo, eine Gesellschaft, die in Staat T ansässig ist, der kein Doppelbesteuerungsabkommen mit Staat S geschlossen hat, möchte eine Minderheitsbeteiligung an SCo erwerben, ist jedoch der Ansicht, dass die Investition aufgrund der in Staat S erhobenen inländischen Quellensteuer auf Dividenden unwirtschaftlich wäre. RCo schlägt vor, dass SCo stattdessen Vorzugsaktien mit einer festen Rendite von 4 Prozent sowie einer erfolgsabhängigen Rendite von 20 Prozent der Nettogewinne von SCo an RCo ausgibt. Die Laufzeit der Vorzugsaktien beträgt 20 Jahre. TCo schließt einen separaten Vertrag mit RCo, nach dem TCo einen Betrag in Höhe des Ausgabepreises der Vorzugsaktien an RCo zahlt und nach 20 Jahren den*

Rücknahmepreis der Aktien von RCo erhält. Während dieser 20 Jahre zahlt RCo einen Betrag in Höhe von 3,75 Prozent des Ausgabepreises zuzüglich 20 Prozent der Nettogewinne von SCo an TCo.

Diese Gestaltung stellt eine Durchlaufgestaltung dar, die nach den oben genannten Vorschriften zu behandeln ist, da einer der Hauptzwecke der Beteiligung von RCo an der Transaktion darin besteht, eine reduzierte Quellensteuer für TCo zu erreichen.

- Beispiel B: SCo, eine in Staat S ansässige Gesellschaft, hat nur eine Aktiengattung ausgegeben, die sich zu 100 Prozent im Besitz der in Staat R ansässigen Gesellschaft RCo befindet. RCo hat ebenfalls nur eine Aktiengattung ausgegeben, die sich zu 100 Prozent im Besitz von TCo befindet, einer Gesellschaft, die in Staat T ansässig ist, der kein Doppelbesteuerungsabkommen mit Staat S geschlossen hat. RCo ist in der Herstellung von Elektronikprodukten tätig, und SCo fungiert als exklusives Vertriebsunternehmen von RCo in Staat S. Nach Absatz 3 der LoB-Klausel hat RCo Anspruch auf Vergünstigungen im Hinblick auf die von SCo gezahlten Dividenden, auch wenn die Anteile von RCo von einer in einem Drittstaat ansässigen Person gehalten werden.

  Dieses Beispiel bezieht sich auf eine übliche wirtschaftliche Struktur, bei der RCo und SCo eine reale wirtschaftliche Tätigkeit in Staat R und S ausüben. Die Zahlung von Dividenden durch Tochtergesellschaften wie SCo stellt eine normale Geschäftstransaktion dar. Liegen keine Anhaltspunkte dafür vor, dass einer der Hauptzwecke der Einrichtung dieser Struktur darin besteht, Dividenden von SCo an TCo durchzuleiten, so stellt diese Struktur keine Durchlaufgestaltung dar.

- Beispiel C: TCo, eine Gesellschaft, die in Staat T ansässig ist, der kein Doppelbesteuerungsabkommen mit Staat S geschlossen hat, stellt der in Staat S ansässigen Gesellschaft SCo, einer hundertprozentigen Tochtergesellschaft von TCo, im Tausch gegen einen von SCo ausgestellten Schuldschein ein Darlehen in Höhe von 1 000 000 bereit. TCo stellt später fest, dass die von Staat S auf Zinsen erhobene Quellensteuer umgangen werden kann, indem TCo den Schuldschein an die in Staat R ansässige hundertprozentige Tochtergesellschaft RCo abtritt (das Abkommen zwischen Staat R und S erlaubt unter bestimmten Umständen keine Quellenbesteuerung von Zinsen). Daher tritt TCo den Schuldschein im Tausch gegen einen von RCo an TCo ausgestellten Schuldschein an RCo ab. Die Zinsen auf den von SCo ausgestellten Schuldschein betragen 7 Prozent und die Zinsen auf den von RCo ausgestellten Schuldschein 6 Prozent.

  Die Transaktion, durch die RCo den von SCo ausgestellten Schuldschein erworben hat, stellt eine Durchlaufgestaltung dar, weil sie durchgeführt wurde, um die anderenfalls von TCo an Staat S zahlbare Quellensteuer zu umgehen.

- Beispiel D: TCo, eine Gesellschaft, die in Staat T ansässig ist, der kein Doppelbesteuerungsabkommen mit Staat S geschlossen hat, besitzt alle Anteile an der in Staat S ansässigen Gesellschaft SCo. TCo tätigt seit langem alle Bankgeschäfte mit RCo, einer in Staat R ansässigen und nicht mit TCo und SCo verbundenen Bank, da das Bankensystem in Staat T relativ unausgereift ist. Aus diesem Grund unterhält TCo tendenziell umfangreiche Einlagen bei RCo. Als SCo ein Darlehen zur Finanzierung einer Anschaffung benötigt, schlägt TCo vor, dass SCo dieses bei RCo aufnimmt, da RCo bereits mit dem Geschäft von TCo und SCo vertraut ist. SCo diskutiert das Darlehen mit verschiedenen Banken, die alle ähnliche Bedingungen anbieten wie RCo, nimmt das Darlehen letztendlich jedoch von RCo *in Anspruch; dies ist zum Teil darauf zurückzuführen, dass die an RCo gezahlten Zinsen nach dem Abkommen zwischen Staat S und R keiner Quellensteuer in Staat S unterliegen, während Zinsen, die an in Staat T ansässige Banken gezahlt werden, in Staat S zu versteuern wären.*

Die Tatsache, dass nach dem Abkommen zwischen Staat R und S Vergünstigungen erhältlich sind, wenn SCo das Darlehen bei RCo aufnimmt, und dass ähnliche Vergünstigungen unter Umständen nicht zur Verfügung stehen, wenn SCo das Darlehen bei einer anderen Bank aufnimmt, ist ein offensichtlicher Faktor für die Entscheidung von SCo (diese ist möglicherweise auch durch die Empfehlung ihres hundertprozentigen Aktionärs TCo beeinflusst). Dies könnte sogar in dem Sinne ein entscheidender Faktor sein, dass der Erhalt der Abkommensvergünstigungen bei ansonsten gleichen Bedingungen ausschlaggebend dafür ist, das Darlehen von RCo statt von einem anderen Darlehensgeber in Anspruch zu nehmen. Ob der Erhalt der Abkommensvergünstigungen einer der Hauptzwecke der Transaktion war, muss jedoch mit Bezug auf die besonderen Tatsachen und Umstände festgestellt werden. Laut den dargestellten Tatsachen ist RCo nicht mit TCo und SCo verbunden, und es gibt keinen Hinweis darauf, dass die von SCo gezahlten Zinsen in beliebiger Weise an TCo durchgeleitet werden. Die Tatsache, dass TCo in der Vergangenheit umfangreiche Einlagen bei RCo unterhalten hat, ist ebenfalls ein Faktor, der darauf hindeutet, dass das Darlehen an SCo nicht durch eine spezifische Einlage von TCo ausgeglichen wird. Aufgrund der spezifischen Tatsachen stellt die Transaktion daher wahrscheinlich keine Durchlaufgestaltung dar.

Sollte die Entscheidung von RCo, SCo ein Darlehen zu gewähren, jedoch darauf beruht haben, dass TCo eine entsprechende Einlage zur Absicherung des Darlehens bereitstellt, sodass RCo die Transaktion ohne diese Einlage im Wesentlichen nicht zu denselben Bedingungen durchgeführt hätte, würden die Tatsachen darauf hindeuten, dass TCo indirekt ein Darlehen an SCo gewährt, indem dieses über eine Bank in Staat R umgeleitet wird; in diesem Fall stellt die Transaktion eine Durchlaufgestaltung dar.

- *Beispiel E: RCo, eine in Staat R ansässige börsennotierte Gesellschaft, fungiert als Holdinggesellschaft für einen Produktionskonzern, der in einer konkurrenzstarken Technologiesparte tätig ist. Der Produktionskonzern führt Forschungsaktivitäten in Tochtergesellschaften an verschiedenen Standorten weltweit durch. Die von einer Tochtergesellschaft entwickelten Patente werden von der Tochtergesellschaft an RCo lizenziert; RCo lizenziert die Technologie anschließend an die Tochtergesellschaften, die diese benötigen. RCo behält lediglich eine geringe Marge für die erhaltenen Lizenzgebühren, sodass der Großteil des Gewinns der Tochtergesellschaft zugutekommt, die das mit der Entwicklung der Technologie verbundene Risiko getragen hat. TCo, eine Gesellschaft, die in einem Staat ansässig ist, mit dem Staat S kein Doppelbesteuerungsabkommen geschlossen hat, hat ein Verfahren entwickelt, das die Rentabilität aller Tochtergesellschaften von RCo, darunter die in Staat S ansässige Gesellschaft SCo, erheblich steigern wird. Nach üblicher Praxis erwirbt RCo eine Lizenz für die Technologie und erteilt ihren Tochtergesellschaften eine Unterlizenz für die Technologie. SCo zahlt eine Lizenzgebühr an RCo, die im Wesentlichen vollständig an TCo ausgezahlt wird.*

  In diesem Beispiel gibt es keinen Hinweis darauf, dass RCo ihr Lizenzgeschäft eingerichtet hat, um die in Staat S fällige Quellensteuer zu reduzieren. Da RCo im Hinblick auf die Strukturierung ihrer Lizenz- und Unterlizenzaktivitäten

dem standardmäßigen wirtschaftlichen Aufbau und den Standardverhaltensweisen des Konzerns entspricht, und in der Annahme, dass dieselbe Struktur auf andere Tochtergesellschaften angewandt wird, die eine ähnliche Tätigkeit in Ländern mit Doppelbesteuerungsabkommen ausüben, die ähnliche oder vorteilhaftere Vergünstigungen bieten, stellt die Gestaltung zwischen SCo, RCo und TCo keine Durchlaufgestaltung dar.

- ***Beispiel F: TCo ist eine börsennotierte Gesellschaft, die in Staat T ansässig ist, der kein Doppelbesteuerungsabkommen mit Staat S geschlossen hat. TCo ist die Muttergesellschaft einer weltweiten Unternehmensgruppe, zu der auch die in Staat R ansässige Gesellschaft RCo und die in Staat S ansässige Gesellschaft SCo gehören. SCo übt aktiv eine gewerbliche oder geschäftliche Tätigkeit in Staat S aus. RCo ist für die Koordinierung der Finanzen aller Tochtergesellschaften von TCo zuständig. RCo führt ein zentrales System für das Kassen- und Rechnungswesen für TCo und ihre Tochtergesellschaften, in dem alle konzerninternen Verbindlichkeiten und Forderungen erfasst werden. RCo ist für die Auszahlung oder Einziehung von Barzahlungen zuständig, die im Rahmen von Transaktionen zwischen den Tochtergesellschaften und unverbundenen Dritten erforderlich sind. RCo schließt die nötigen Zins- und Devisenkontrakte ab, um die mit der Inkongruenz der eingehenden und ausgehenden Bargeldströme verbundenen Risiken zu verwalten. Das Ziel der Aktivitäten von RCo besteht darin, die Transaktions- und Gemeinkosten sowie sonstige Fixkosten zu senken (was vernünftigerweise zu erwarten ist). RCo beschäftigt 50 Mitarbeiter, darunter Büro- und andere Backoffice-Mitarbeiter, die in Staat R tätig sind; diese Mitarbeiterzahl spiegelt den Umfang der Geschäftsaktivitäten von RCo wider. TCo gewährt RCo ein Darlehen in Höhe von 15 Millionen in Währung A (entspricht 10 Millionen in Währung B) im Tausch gegen einen Schuldschein mit 10 Jahren Laufzeit, auf den jährlich 5 Prozent Zinsen fällig sind. RCo gewährt SCo am selben Tag ein Darlehen in Höhe von 10 Millionen in Währung B im Tausch gegen einen Schuldschein mit 10 Jahren Laufzeit, auf den jährlich 5 Prozent Zinsen fällig sind. RCo führt kein langfristiges Absicherungsgeschäft im Hinblick auf diese Finanzierungstransaktionen durch, sondern verwaltet das mit den Transaktionen verbundene Zins- und Währungsrisiko auf täglicher, wöchentlicher oder vierteljährlicher Basis durch Abschluss von Devisenterminkontrakten.***

  In diesem Beispiel scheint RCo durch die Ausübung wesentlicher wirtschaftlicher Funktionen, die Verwendung realer Vermögenswerte und die Übernahme realer Risiken eine reale Geschäftstätigkeit auszuüben; RCo führt außerdem wichtige Aktivitäten im Hinblick auf die Transaktionen mit TCo und SCo aus, die für das übliche Finanzgeschäft von RCo typisch zu sein scheinen. Offenbar trägt RCo auch das Zins- und Währungsrisiko. Aufgrund dieser Tatsachen und mangels anderer Tatsachen, die darauf hindeuten, dass einer der Hauptzwecke dieser Darlehen darin besteht, die Quellensteuer in Staat S zu umgehen, stellt das Darlehen von TCo an RCo sowie das Darlehen von RCo an SCo keine Durchlaufgestaltung dar.

b) Andere Fälle, in denen eine Person Abkommensbeschränkungen zu umgehen versucht

27. Neben der Anforderung, dass eine Person in einem Vertragsstaat ansässig sein muss, müssen andere Bedingungen erfüllt sein, um bestimmte Vergünstigungen aus Abkommensbestimmungen erhalten zu können. In bestimmten Fällen können zur Erfüllung dieser Bedingungen Transaktionen unter Umständen eingegangen werden, unter denen die Gewährung der entsprechenden Abkommensvergünstigungen unangemessen wäre. Obwohl

in diesen Fällen die allgemeine Missbrauchsbekämpfungsvorschrift nach Abschnitt A Unterabschnitt 1 Buchstabe a Ziffer ii nützlich ist, bieten zielgerichtete besondere Vorschriften zur Bekämpfung von Abkommensmissbrauch sowohl Steuerpflichtigen als auch Steuerverwaltungen in der Regel ein größeres Maß an Sicherheit. Derartige Vorschriften finden sich bereits in einigen Artikeln des Musterabkommens (siehe z.B. Artikel 13 Absatz 4 und Artikel 17 Absatz 2). Daneben wird im Kommentar vorgeschlagen, unter bestimmten Umständen weitere Missbrauchsbekämpfungsvorschriften aufzunehmen (siehe z.B. Ziffern 16 und 17 des Kommentars zu Artikel 10). Weitere Missbrauchsbekämpfungsvorschriften finden sich in zweiseitigen Abkommen zwischen OECD- und Nicht-OECD-Ländern.

28. Im Folgenden werden Fallbeispiele aufgeführt, für die besondere Missbrauchsbekämpfungsvorschriften nützlich sein könnten, sowie Änderungsvorschläge zur Behandlung einiger dieser Fälle.

i) Vertragsaufteilung

29. In Ziffer 18 des Kommentars zu Artikel 5 heißt es: „Die Zwölfmonatsgrenze [des Artikels 5 Absatz 3] hat zu Missbräuchen geführt; so wurden Fälle festgestellt, in denen Unternehmen (hauptsächlich Unternehmer oder Subunternehmer, die auf dem Festlandsockel arbeiteten oder in Zusammenhang mit der Erforschung und der Ausbeutung des Festlandsockels tätig waren) ihre Verträge in mehrere Teile aufteilten, von denen jeder einen Zeitraum von weniger als zwölf Monaten abdeckte und jeweils einer anderen Gesellschaft zugewiesen war, die jedoch zum selben Konzern gehörte."

30. Die Aufnahme der in diesem Bericht enthaltenen PPT-Klausel in das OECD-Musterabkommen hilft bei der Lösung dieses Problems, wie Beispiel J des Kommentars zu der Klausel zeigt. Darüber hinaus enthält der Bericht zu Aktionspunkt 7 (*Verhinderung der künstlichen Umgehung des Status als Betriebsstätte*)[13] Änderungen des Kommentars zu Artikel 5, die sich ebenfalls auf dieses Problem beziehen.

ii) Fälle von Gestaltungen beim Arbeitnehmerverleih

31. Fälle von Gestaltungen beim Arbeitnehmerverleih, bei denen ein Steuerpflichtiger in unangemessener Weise versucht, die Vergünstigungen der Quellensteuerbefreiung nach Artikel 15 Absatz 2 zu erhalten, werden in den Ziffern 8.1 bis 8.28 des Kommentars zu Artikel 15 behandelt. Es wurde festgestellt, dass diese Art von Abkommensmissbrauch durch die in diesen Ziffern enthaltenen Leitlinien, insbesondere die alternative Bestimmung nach Ziffer 8.3 des Kommentars, ausreichend abgedeckt wird.

iii) Transaktionen zur Vermeidung der Qualifikation von Dividenden

32. In einigen Fällen können Transaktionen zu dem Zweck eingegangen werden, innerstaatliche Rechtsvorschriften zur Qualifikation bestimmter Einkünfte als Dividenden zu umgehen und eine Qualifikation der Einkünfte nach dem Abkommen (z.B. als Veräußerungsgewinne) in Anspruch zu nehmen, mit der die Entrichtung einer Quellensteuer umgangen werden kann.

33. Im Rahmen ihrer Arbeiten zu hybriden Gestaltungen hat die Arbeitsgruppe 1 untersucht, ob die Begriffsbestimmungen von Dividenden und Zinsen im Abkommen geändert werden können, wie bereits in einigen Abkommen geschehen, um die Anwendung innerstaatlicher Rechtsvorschriften zur Qualifikation von Einkünften als solche zuzulassen. Obwohl letztendlich festgestellt wurde, dass eine solche Änderung nur eine sehr begrenzte Auswirkung auf hybride Gestaltungen hätte, wurde beschlossen, die Möglichkeit solcher Änderungen weiter zu prüfen, sobald die Arbeiten zum BEPS-Aktionsplan abgeschlossen sind.

iv) Transaktionen zur Übertragung von Dividenden

34. Bei diesen Transaktionen versucht ein Steuerpflichtiger, der Anrecht auf einen Portfoliosatz von 15 Prozent nach Artikel 10 Absatz 2 Buchstabe b hat, den direkten Dividendensatz von 5 Prozent nach Artikel 10 Ziffer 2 Buchstabe a oder den in einigen zweiseitigen Abkommen für an Altersvorsorgefonds entrichtete Dividenden vorgesehenen Nullsatz in Anspruch zu nehmen (siehe Ziffer 69 des Kommentars zu Artikel 18).

35. Die Ziffern 16 und 17 des Kommentars zu Artikel 10 befassen sich mit Transaktionen, durch die ein Steuerpflichtiger den geringeren auf Dividenden anwendbaren Satz von 5 Prozent in Anspruch zu nehmen versucht:

> 16. Absatz 2 Buchstabe a setzt nicht voraus, dass die die Dividenden empfangende Gesellschaft während längerer Zeit vor der Ausschüttung über mindestens 25 vom Hundert des Kapitals verfügt hat. Hinsichtlich des Ausmaßes der Beteiligung ist daher nur der Zustand maßgebend, der zu dem Zeitpunkt bestanden hat, der für das Entstehen der Steuerschuld für die unter Absatz 2 fallende Steuer entscheidend ist, d.i. meist der Zustand, der zum Zeitpunkt besteht, in dem der Aktionär über die Dividenden rechtlich verfügen kann. Der Hauptgrund dafür liegt in der Absicht, der Bestimmung einen möglichst weiten Anwendungsbereich zu geben. Die Forderung, dass die Muttergesellschaft über die Mindestbeteiligung eine bestimmte Zeit vor der Gewinnausschüttung verfügt haben muss, könnte umfassende Ermittlungen erforderlich machen. Nach dem innerstaatlichen Steuerrecht einiger Mitgliedstaaten der OECD steht der empfangenen Gesellschaft nur dann eine Steuerbefreiung oder -vergünstigung für die bezogenen Dividenden zu, wenn sie über die Anteile während eines gewissen Mindestzeitraums verfügt hat. Demgemäß können die Vertragsstaaten eine ähnliche Bedingung in ihre Abkommen aufnehmen.
>
> 17. Die in Absatz 2 Buchstabe a vorgesehene Herabsetzung sollte bei Missbrauch dieser Bestimmung nicht gewährt werden, z.B. wenn eine Gesellschaft mit einer Beteiligung von weniger als 25 vom Hundert kurz vor Fälligkeit der Dividenden ihre Beteiligung in erster Linie deshalb erhöht hat, um in den Genuss der Vergünstigung zu kommen oder wenn das Beteiligungsverhältnis vorwiegend herbeigeführt wurde, um die Ermäßigung zu erlangen. Zur Vereitelung solcher Manipulationen können es die Vertragsstaaten für zweckmäßig halten, Buchstabe a um die folgende Bestimmung zu erweitern:
>
> > vorausgesetzt, die Beteiligung wurde nicht vorwiegend deshalb erworben, um aus dieser Bestimmung Nutzen zu ziehen.

36. Es wurde festgestellt, dass in Artikel 10 Absatz 2 Buchstabe a eine Mindesthaltefrist aufgenommen werden sollte, um solchen Transaktionen zu begegnen. Buchstabe a sollte deshalb wie folgt geändert werden:

> ***a)*** **5 Prozent des Bruttobetrags der Dividenden, *wenn der Nutzungsberechtigte eine Gesellschaft (jedoch keine Personengesellschaft) ist, die während eines Zeitraums von 365 Tagen einschließlich des Tages der Dividendenzahlung unmittelbar min-*destens 25 Prozent des Kapitals *der* die Dividenden zahlenden Gesellschaft besitzt *(bei der Berechnung dieses Zeitraums werden Änderungen der Beteiligungsverhältnisse nicht berücksichtigt, die sich unmittelbar aus der Umstrukturierung der die Anteile besitzenden oder die Dividende auszahlenden Gesellschaft ergeben, wie eine Fusion oder Spaltung);***

37. Es wurde auch festgestellt, dass in Artikel 10 zusätzliche Missbrauchsbekämpfungsvorschriften aufgenommen werden sollten, um solchen Fällen Rechnung zu tragen, in denen

im Quellenstaat bestimmte Rechtsträger zwischengeschaltet werden, um Abkommensbestimmungen in Anspruch zu nehmen, die zu einer Verringerung der Quellenbesteuerung von Dividenden führen.

38. So enthält Ziffer 67.4 des Kommentars zu Artikel 10 eine alternative Bestimmung, die aufgenommen werden kann, um

- die Inanspruchnahme des Satzes von 5 Prozent zu verhindern, wenn Dividenden von einer inländischen REIT an einen auslandsansässigen Portfolioinvestor gezahlt werden, und
- die Inanspruchnahme der Sätze von 5 Prozent und 15 Prozent zu verhindern, wenn Dividenden von einer inländischen REIT an einen auslandsansässigen Investor gezahlt werden, der mittelbar oder unmittelbar mehr als 10 Prozent des Kapitals der REIT besitzt.

39. Ein weiteres Beispiel, das sich in der US-amerikanischen Abkommenspraxis findet, ist eine Bestimmung, mit der die Anwendung des Satzes von 5 Prozent verweigert wird, wenn Dividenden durch eine US-amerikanische Regulated Investment Company (RIC) an eine auslandsansässige Gesellschaft gezahlt werden, selbst wenn diese Gesellschaft mehr als 10 Prozent der Anteile der RIC besitzt.

40. Auf Grundlage dieser Beispiele, in denen das innerstaatliche Recht eines Vertragsstaats die Möglichkeit bietet, Portfolioanlagen in Anteile von Gesellschaften dieses Staates mithilfe bestimmter Organismen für die gemeinsame Anlage in Wertpapieren (OGAW) zu tätigen, die in diesem Staat niedergelassen sind und keine Steuern auf ihre Kapitalerträge entrichten, sodass ein auslandsansässiger Anleger eines OGAW den nach dem Abkommen geringeren Dividendensteuersatz auf Dividenden für Ausschüttungen eines Organismus für die gemeinsame Anlage in Wertpapieren (OGAW) in Anspruch nehmen kann, wird empfohlen, in Artikel 10 eine besondere Missbrauchsbekämpfungsvorschrift aufzunehmen. Eine solche Vorschrift könnte wie folgt formuliert werden:

> Absatz 2 Buchstabe a gilt nicht für Dividenden, die von einer in [Name des Staates] ansässigen Person gezahlt werden, bei der es sich um *[Beschreibung der Art des Organismus für gemeinsame Anlagen in Wertpapieren, für den die Vorschrift gelten soll]* handelt.

v) Transaktionen zur Umgehung der Anwendung von Artikel 13 Absatz 4

41. Nach Artikel 13 Absatz 4 kann der Vertragsstaat, in dem sich unbewegliches Vermögen befindet, die von einer im anderen Staat ansässigen Person erzielten Gewinne aus der Veräußerung von Gesellschaftsanteilen, deren Wert zu mehr als 50 Prozent auf diesem unbeweglichen Vermögen beruht, besteuern.

42. Ziffer 28.5 des Kommentars zu Artikel 13 sieht bereits vor, dass die Staaten eine Ausweitung der Bestimmung prüfen sollten, um nicht nur Gewinne aus der Veräußerung von Anteilen, sondern auch Gewinne aus der Veräußerung von Rechten an anderen Rechtsträgern wie Personengesellschaften oder Trusts abzudecken und somit eine Form des Missbrauchs zu bekämpfen. Es wurde vereinbart, dass Artikel 13 Absatz 4 durch eine entsprechende Formulierung ergänzt werden sollte.

43. Es könnte jedoch auch Fälle geben, in denen kurz vor dem Verkauf der Anteile oder sonstiger Rechte an einem Rechtsträger an diesen Rechtsträger Vermögenswerte übertragen werden, um den Anteil des Werts dieser Anteile oder Rechte, der auf in einem Vertragsstaat befindlichem unbeweglichem Vermögen beruht, zu verwässern. Um solchen Fällen entgegenzuwirken, wurde vereinbart, dass Artikel 13 Absatz 4 geändert werden sollte, um

Fälle zu berücksichtigen, in denen der Wert von Anteilen oder vergleichbaren Rechten zu jedem Zeitpunkt während eines bestimmten Zeitraums, und nicht nur zum Zeitpunkt der Veräußerung, hauptsächlich auf unbeweglichem Vermögen beruht.

44. Die folgende überarbeitete Version des Artikels 13 Absatz 4 beinhaltet diese Änderungen:

> 4. Gewinne, die eine in einem Vertragsstaat ansässige Person aus der Veräußerung von Anteilen ***oder vergleichbaren Rechten bezieht, wie etwa Rechten an einer Personengesellschaft oder einem Trust, können im anderen Vertragsstaat besteuert werden, wenn der Wert dieser Anteile oder vergleichbaren Rechte zu irgendeinem Zeitpunkt während der 365 Tage vor der Veräußerung*** zu mehr als 50 Prozent unmittelbar oder mittelbar auf unbeweglichem Vermögen ***im Sinne des Artikels 6*** ~~beruht~~ ***beruhte***, das im anderen Staat liegt ~~können im anderen Staat besteuert werden~~.

vi) Kollisionsregel zur Feststellung der für das Abkommen maßgeblichen Ansässigkeit von doppelt ansässigen Personen, die keine natürlichen Personen sind

45. Eine wichtige Einschränkung bei der Gewährung von Abkommensvergünstigungen ist die Anforderung, dass eine Person für die Zwecke des betreffenden Doppelbesteuerungsabkommens in einem Vertragsstaat ansässig ist. Nach Artikel 4 Absatz 1 des OECD-Musterabkommens hängt die für das Abkommen maßgebliche Ansässigkeit einer Person von den innerstaatlichen Steuergesetzen der betreffenden Vertragsstaaten ab, sodass eine Person auch in beiden Staaten ansässig sein kann. In solchen Fällen wird für natürliche Personen nach Artikel 4 Absatz 2 eine einzige für das Abkommen maßgebliche Ansässigkeit festgestellt. Artikel 4 Absatz 3 stellt den Ansässigkeitsstatus für andere als natürliche Personen fest und sieht dabei vor, dass eine in beiden Vertragsstaaten ansässige Person „als nur in dem Staat ansässig [gilt], in dem sich der Ort ihrer tatsächlichen Geschäftsleitung befindet".

46. Als diese Vorschrift ursprünglich im Abkommensentwurf von 1963 aufgenommen wurde, äußerte der OECD-Steuerausschuss die Ansicht, dass es in der Praxis eher selten vorkomme, dass eine Gesellschaft usw. in mehr als einem Staat als eine dort ansässige Person besteuert würde[14], da dies eintreten könne, jedoch „besondere Regeln zur Bestimmung des Vorrangs" getroffen werden müssten.

47. In der aktualisierten Fassung des OECD-Musterabkommens von 2008 wurde eine alternative Fassung des Artikels 4 Absatz 3 eingeführt (siehe Ziffern 24 und 24.1 des Kommentars zu Artikel 4), nach der sich die zuständigen Behörden der Vertragsstaaten unter Berücksichtigung maßgeblicher Faktoren bemühen werden, den Ansässigkeitsstaat einer Person für die Zwecke des Abkommens durch Verständigung zu bestimmen. Als diese Alternative erörtert wurde, vertraten viele Länder die Meinung, dass die Fälle, in denen eine Gesellschaft doppelt ansässig ist, häufig Steuerumgehungsgestaltungen umfassen. Daher sollte die gegenwärtige Vorschrift in Artikel 4 Absatz 3 durch die im Kommentar enthaltene alternative Vorschrift ersetzt werden, die in solchen Fällen eine einzelfallbezogene Lösung ermöglicht.

48. Folgende Änderungen werden am OECD-Musterabkommen vorgenommen, um diesen Beschluss umzusetzen (diese berücksichtigen die Änderungen des in der ersten Fassung dieses Berichts vom September 2014 enthaltenen Kommentars):

Artikel 4 Absatz 3 des Musterabkommens wird durch folgenden Wortlaut ersetzt:

> *3. Ist nach Absatz 1 eine andere als eine natürliche Person in beiden Vertragsstaaten ansässig,* ~~so gilt sie als nur in dem Staat ansässig, in dem sich der Ort ihrer tatsächlichen Geschäftsleitung befindet.~~ **sind die zuständigen Behörden der Vertragsstaaten bestrebt, durch Verständigung den Vertragsstaat zu bestimmen, in dem diese Person unter**

Berücksichtigung des Ortes ihrer tatsächlichen Geschäftsleitung, ihres Gründungsorts sowie sonstiger maßgeblicher Faktoren im Sinne des Abkommens als ansässig gilt. Ohne eine solche Verständigung hat diese Person nur in dem Umfang und der Weise, die von den zuständigen Behörden der Vertragsstaaten vereinbart werden, Anspruch auf die in diesem Abkommen vorgesehenen Steuervergünstigungen oder -befreiungen.

Die Ziffern 21 bis 24.1 des Kommentars zu Artikel 4 werden durch folgenden Wortlaut ersetzt:

21. Dieser Absatz betrifft Gesellschaften und andere Personenvereinigungen ohne Rücksicht darauf, ob sie juristische Personen sind oder nicht. Fälle, in denen eine Gesellschaft usw. als ansässige Person in mehr als einem Staat besteuert wird, können z.B. dann auftreten, wenn der eine Staat auf den Ort, an dem die Gesellschaft eingetragen ist, und der andere auf den Ort der tatsächlichen Geschäftsleitung abstellt. Daher müssen auch für die Gesellschaften usw. besondere Vorschriften zur Bestimmung des Vorrangs getroffen werden.

22. ***Bei der ursprünglichen Formulierung des Absatzes 3 wurde berücksichtigt, dass*** es keine angemessene Lösung wäre, einem lediglich formalen Merkmal, wie z.B. der Eintragung, Bedeutung zuzumessen~~.~~ ***und es wurde eine an den Ort der tatsächlichen Geschäftsleitung anknüpfende Vorschrift präferiert, die auf den Ort abstellen sollte,*** ~~Deshalb knüpft Artikel 3 an den Ort der tatsächlichen Geschäftsleitung an,~~ an dem die Gesellschaft usw. tatsächlich geleitet ***wurde*** ~~wird~~.

23. ~~Welches Merkmal für den Vorrang bei anderen als natürlichen Personen entscheidend sein soll, wurde vor allem im Zusammenhang mit der Besteuerung der Einkünfte aus der Seeschifffahrt, Binnenschifffahrt und Luftfahrt geprüft. Eine Reihe von Abkommen zur Vermeidung der Doppelbesteuerung derartiger Einkünfte teilt das Besteuerungsrecht dem Staat zu, in dem sich der „Ort der Geschäftsleitung" des Unternehmens befindet; nach anderen Abkommen ist der „Ort der tatsächlichen Geschäftsleitung" oder der „steuerliche Wohnsitz des Unternehmers" entscheidend.~~ ***Im Jahr [2014] erkannte der Ausschuss für Steuerfragen allerdings, dass Fälle einer doppelten Ansässigkeit von Rechtsträgern mit Ausnahme von natürlichen Personen zwar relativ selten seien, es aber mehrere Fälle der Steuerumgehung durch doppelt ansässige Gesellschaften gegeben habe. Deshalb kam der Ausschuss zu dem Schluss, dass der einzelfallbezogene Ansatz für den Umgang mit der doppelten Ansässigkeit von Rechtsträgern mit Ausnahme von natürlichen Personen eine bessere Lösung darstellt.***

24. Aufgrund dieser Überlegungen ***sieht die aktuelle Fassung des Absatzes 3 vor, dass die zuständigen Behörden der Vertragsstaaten bestrebt sind, Fälle der doppelten Ansässigkeit einer anderen als einer natürlichen Person durch Verständigung zu lösen.*** ~~wurde für andere als natürliche Personen der „Ort der tatsächlichen Geschäftsleitung" als das entscheidende Merkmal für den Vorrang bestimmt. Der Ort der tatsächlichen Geschäftsleitung ist der Ort, an dem die grundlegenden unternehmerischen und kaufmännischen Entscheidungen, die für die Ausübung der Geschäftstätigkeit des Rechtsträgers insgesamt notwendig sind, im Wesentlichen getroffen werden. Zur Feststellung des Ortes der tatsächlichen Geschäftsleitung sind alle relevanten Tatsachen und Umstände zu prüfen. Ein Rechtsträger kann mehr als einen Ort der Geschäftsleitung haben, jedoch jeweils nur einen Ort der tatsächlichen Geschäftsleitung zu einem gegebenen Zeitpunkt.~~

24.1 ~~Einige Länder sind jedoch der Meinung, dass Fälle einer doppelten Ansässigkeit von anderen als natürlichen Personen nur selten auftreten und einzelfallbezogen behandelt werden sollten. Einige Länder betrachten den einzelfallbezogenen Ansatz als die beste Methode im Umgang mit Schwierigkeiten bei der Feststellung des Orts der~~

~~tatsächlichen Geschäftsleitung einer juristischen Person, die sich aus der Verwendung neuer Kommunikationstechnologien ergeben können. Diese Länder können den zuständigen Behörden die Feststellung der Ansässigkeit dieser Personen überlassen, indem der Absatz durch die folgende Bestimmung ersetzt wird:~~

> ~~3. Ist nach Absatz 1 eine andere als eine natürliche Person in beiden Vertragsstaaten ansässig, sind die zuständigen Behörden der Vertragsstaaten bestrebt, durch Verständigung den Vertragsstaat zu bestimmen, in dem diese Person unter Berücksichtigung des Ortes ihrer tatsächlichen Geschäftsleitung, ihres Gründungsorts sowie sonstiger maßgeblicher Faktoren im Sinne des Abkommens als ansässig gilt. Ohne eine solche Verständigung hat diese Person nur in dem Umfang und der Weise, die von den zuständigen Behörden der Vertragsstaaten vereinbart werden, Anspruch auf die in diesem Abkommen vorgesehenen Steuervergünstigungen oder -befreiungen.~~

Die zuständigen Behörden, die **Absatz 3** ~~diese Bestimmung zur Feststellung der Ansässigkeit einer juristischen Person für die Zwecke dieses Abkommens~~ anzuwenden haben, sollten verschiedene Faktoren berücksichtigen, wie z.B. den Ort, an dem die Sitzungen des Aufsichts- oder Verwaltungsrats ***der Person*** oder eines vergleichbaren Gremiums in der Regel stattfinden, an dem die Mitglieder der obersten Führungsebene in der Regel tätig sind, an dem die laufende Geschäftsleitung der Person stattfindet, an dem sich der Hauptsitz der Person befindet, das betreffende innerstaatliche Recht, das den rechtlichen Status der Person bestimmt, den Aufbewahrungsort der Buchführungsunterlagen und ob die Feststellung, dass die juristische Person für den Zweck dieses Abkommens in einem und nicht im anderen Vertragsstaat ansässig ist, das Risiko des Abkommensmissbrauchs mit sich bringt. Länder, die die Meinung vertreten, dass die Lösung der Fälle der doppelten Ansässigkeit nicht im Ermessen der zuständigen Behörden liegen sollte, ohne dass die hierfür heranzuziehenden Faktoren aufgeführt werden, können diese Bestimmung ggf. durch Nennung dieser oder anderer für sie maßgeblicher Faktoren ergänzen. *[der nächste Satz wurde in die neue Ziffer 24.2 verschoben; der letzte Satz wurde in die neue Ziffer 24.3 verschoben]*

24.2 ~~Da die Anwendung der Bestimmung~~ ***Die Feststellung nach Absatz 3 wird*** normalerweise von der betroffenen Person durch den in Artikel 25 Absatz 1 vorgesehenen Mechanismus beantragt ~~wird, sollte der~~. ***Ein solcher*** Antrag ***kann gestellt werden, sobald es wahrscheinlich ist, dass die Person nach Absatz 1 als in jedem Vertragsstaat ansässig gilt. Aufgrund der Vorgabe in Artikel 25 Absatz 1*** sollte ***er in jedem Fall*** binnen drei Jahren gestellt werden, nachdem die Person die erste Mitteilung ***über Besteuerungsmaßnahmen seitens eines oder beider Staaten*** erhalten hat***, die beinhalten, dass der Person aufgrund ihrer doppelten Ansässigkeit Steuervergünstigungen oder -befreiungen verwehrt worden sind, ohne dass die zuständigen Behörden sich im Vorfeld bemüht haben, nach Absatz 3 eine einzige Ansässigkeit in einem Staat festzustellen. Die zuständigen Behörden, bei denen ein Antrag auf Feststellung der Ansässigkeit nach Absatz 3 gestellt wird, sollten diesen umgehend bearbeiten und ihre Antwort so schnell wie möglich dem Steuerpflichtigen mitteilen.***

24.3 Da sich die der Entscheidung zugrunde liegenden Tatsachen im Laufe der Zeit ändern können, sollten die zuständigen Behörden bei einer Entscheidung nach dieser Bestimmung klarstellen, für welchen Zeitraum die Entscheidung gilt.

24.4 ***Der letzte Satz von Absatz 3 sieht vor, dass die doppelt ansässige Person ohne eine Feststellung seitens der zuständigen Behörden keinen Anspruch auf Steuervergünstigungen oder -befreiungen im Rahmen des Abkommens hat, außer in dem Umfang und in der Weise, die von den zuständigen Behörden unter Umständen vereinbart wurden. Dies***

verhindert jedoch nicht, dass der Steuerpflichtige zu anderen Zwecken als der Gewährung von Vergünstigungen oder Befreiungen für diese Person als in beiden Vertragsstaaten ansässig gilt. Das bedeutet beispielsweise, dass die Bedingung in Artikel 15 Absatz 2 Buchstabe b im Hinblick auf einen Mitarbeiter dieser Person, der in einem der Vertragsstaaten ansässig ist und eine Beschäftigung in dem anderen Staat ausübt, nicht erfüllt wird. Handelt es sich bei der Person um eine Gesellschaft, gilt sie zum Zwecke der Anwendung des Artikels 10 auf von ihr gezahlte Dividenden ebenfalls als in beiden Staaten ansässig.

24.52 Einige Staaten sind allerdings der Meinung, dass Fällen der doppelten Ansässigkeit von Rechtsträgern vorzugsweise mit der auf den „Ort der tatsächlichen Geschäftsleitung" abstellenden Vorschrift begegnet werden sollte, die vor [nächste Aktualisierung] im Abkommen enthalten war. Diese Staaten sind zudem der Auffassung, dass sich diese Vorschrift so auslegen lässt, dass sie nicht missbräuchlich verwendet werden kann. Staaten, die diese Ansicht teilen und sich auf eine Auslegung des Konzepts des „Ortes der tatsächlichen Geschäftsleitung" einigen, können die folgende Fassung des Absatzes 3 in ihr zweiseitiges Abkommen aufnehmen:

> ***Ist nach Absatz 1 eine andere als eine natürliche Person in beiden Vertragsstaaten ansässig, so gilt sie als nur in dem Staat ansässig, in dem sich der Ort ihrer tatsächlichen Geschäftsleitung befindet.***

vii) Missbrauchsbekämpfungsvorschrift für in Drittstaaten gelegene Betriebsstätten

49. Ziffer 32 des Kommentars zu Artikel 10, Ziffer 25 des Kommentars zu Artikel 11 und Ziffer 21 des Kommentars zu Artikel 12 nehmen Bezug auf einen möglichen Missbrauch, der aus der Übertragung von Anteilen, Forderungen, Rechten oder Vermögenswerten auf Betriebsstätten resultieren kann, die lediglich zu diesem Zweck in Ländern eingerichtet werden, in denen für die Einkünfte aus diesen Vermögenswerten eine Vorzugsbehandlung gewährt wird. Befreit der Ansässigkeitsstaat die Gewinne von in Drittstaaten gelegenen Betriebsstätten von der Steuer oder besteuert er diese nur mit geringen Sätzen, sollte der Quellenstaat für diese Einkünfte keine Abkommensvergünstigungen gewähren.

50. Der letzte Teil in Ziffer 71 des Kommentars zu Artikel 24 befasst sich mit dieser Konstellation und schlägt vor, dass eine Missbrauchsbekämpfungsvorschrift in zweiseitige Abkommen aufgenommen werden könnte, um den Quellenstaat davor zu schützen, Abkommensvergünstigungen in Fällen gewähren zu müssen, in denen die Einkünfte einer in einem Drittstaat gelegenen Betriebsstätte in diesem Staat nicht normal besteuert werden:

> 71. ... Eine weitere Frage im Zusammenhang mit Dreiecks-Konstellationen betrifft Missbrauchsfälle. Werden die Gewinne der in dem anderen Vertragsstaat gelegenen Betriebsstätte in dem Vertragsstaat, in dem das Unternehmen ansässig ist, von der Steuer befreit, besteht die Gefahr, dass das Unternehmen Vermögenswerte wie Anteile, Anleihen oder Patente auf Betriebsstätten in Staaten überträgt, die eine sehr günstige steuerliche Behandlung bieten, und somit die entsprechenden Einkünfte unter bestimmten Umständen in keinem der drei Staaten besteuert werden. Zur Vermeidung solcher Praktiken, die als missbräuchlich gelten können, kann eine Bestimmung in das Abkommen zwischen dem Ansässigkeitsstaat des Unternehmens und dem Drittstaat (Quellenstaat) aufgenommen werden, nach der ein Unternehmen die Abkommensvergünstigungen nur in Anspruch nehmen kann, wenn die Einkünfte der in dem anderen Staat gelegenen Betriebsstätte in dem Staat, in dem sie sich befindet, normal besteuert werden.

51. Es wurde beschlossen, dass eine besondere Missbrauchsbekämpfungsvorschrift in das Musterabkommen aufgenommen werden sollte, um solchen und ähnlichen Dreiecks-Konstellationen zu begegnen, bei denen die Einkünfte, die der in einem Drittstatt gelegenen Betriebsstätte zugerechnet werden können, einer Niedrigbesteuerung unterliegen.

52. Die nachfolgende Bestimmung sowie der zugehörige Kommentar, die zu diesem Zweck angewandt werden sollten, wurden in die erste Fassung dieses Berichts vom September 2014 aufgenommen. Die Folgearbeiten haben jedoch gezeigt, dass Änderungen an verschiedenen Aspekten der Bestimmung notwendig sind. Die Vereinigten Staaten haben Ende Mai 2015 eine Neufassung einer ähnlichen Bestimmung herausgegeben[15], zu der bis zum 15. September 2015 Stellungnahmen eingereicht werden können. Bei der Besprechung dieser Neufassung wurde vereinbart, sich erneut mit ihr zu beschäftigen, nachdem sie von den Vereinigten Staaten unter Berücksichtigung der eingegangenen Stellungnahmen abschließend formuliert wurde. Aus diesem Grund müssen die folgende Bestimmung und der zugehörige Kommentar überprüft werden, und die Endfassung der Bestimmung und des Kommentars werden daher im ersten Teil des Jahres 2016 vorliegen, sodass sie bei den Verhandlungen zum multilateralen Instrument, mit dem die Ergebnisse der Arbeiten zu Abkommensfragen im Rahmen des BEPS-Aktionsplans umgesetzt werden sollen, berücksichtigt werden können. Die folgenden Formulierungsvorschläge sind daher als Entwurf zu verstehen, an dem sich noch Änderungen ergeben können:

> ***[Wenn:***
>
> ***a) ein Unternehmen eines Vertragsstaats Einkünfte aus dem anderen Vertragsstaat bezieht und diese Einkünfte einer in einem Drittstaat gelegenen Betriebsstätte des Unternehmens zugerechnet werden können sowie***
>
> ***b) die Gewinne, die dieser Betriebsstätte zugerechnet werden können, im erstgenannten Staat von der Steuer befreit sind,***
>
> ***gelten die anderenfalls nach den sonstigen Bestimmungen des Abkommens geltenden Steuervergünstigungen nicht für Einkünfte, auf die im Drittstaat weniger als 60 Prozent der Steuer erhoben wird, die im erstgenannten Staat erhoben würde, wenn die Einkünfte in diesem Staat durch das Unternehmen erzielt oder bezogen würden und nicht der Betriebsstätte im Drittstaat zugerechnet werden könnten. In diesem Fall können***
>
> ***c) Dividenden, Zinsen und Lizenzgebühren, für die dieser Absatz gilt, weiterhin nach dem innerstaatlichen Recht des anderen Staates besteuert werden, wobei die in diesem Staat erhobene Steuer [festzulegender Steuersatz] Prozent des Bruttobetrags dieser Einkünfte nicht übersteigen darf, sowie***
>
> ***d) sonstige Einkünfte, für die dieser Absatz gilt, ungeachtet der sonstigen Bestimmungen dieses Abkommens weiterhin nach dem innerstaatlichen Recht des anderen Staates besteuert werden.***
>
> ***Die vorstehenden Bestimmungen dieses Absatzes gelten nicht, wenn die Einkünfte aus dem anderen Staat***
>
> ***e) im Zusammenhang mit einer durch die Betriebsstätte aktiv ausgeübten Geschäftstätigkeit bezogen werden oder mit ihr verbunden sind (mit Ausnahme der Vornahme, der Verwaltung und des bloßen Besitzes von Kapitalanlagen für eigene Rechnung des Unternehmens, es sei denn, es handelt sich dabei um Bank-, Versicherungs- oder Wertpapiergeschäfte einer Bank, eines Versicherungsunternehmens beziehungsweise eines zugelassenen Wertpapierhändlers), oder***

f) Lizenzgebühren sind, die als Gegenleistung für die Benutzung oder das Recht auf Benutzung immaterieller Wirtschaftsgüter bezogen werden, die von dem Unternehmen durch die Betriebsstätte geschaffen oder entwickelt werden.

Kommentar zu dieser Bestimmung

1. Wie in Ziffer 32 des Kommentars zu Artikel 10, Ziffer 25 des Kommentars zu Artikel 11 und Ziffer 21 des Kommentars zu Artikel 12 erwähnt, kann die Übertragung von Anteilen, Forderungen, Rechten oder Vermögenswerten auf Betriebsstätten, die eigens zu diesem Zweck in Ländern errichtet werden, in denen Kapitalerträge nicht besteuert werden bzw. den Einkünften aus solchen Vermögenswerten eine Vorzugsbehandlung gewährt wird, zu Missbrauch führen. Befreit der Ansässigkeitsstaat die Kapitalerträge solcher in Drittstaaten gelegenen Betriebsstätten von der Steuer, sollte der Quellenstaat für diese Einkünfte keine Abkommensvergünstigungen gewähren müssen. Der vorgeschlagene Absatz gilt, wenn ein Vertragsstaat die Kapitalerträge seiner Unternehmen, die in Drittstaaten gelegenen Betriebsstätten zugerechnet werden können, von der Steuer befreit, und sieht vor, dass in solchen Fällen keine Abkommensvergünstigungen gewährt werden. Diese Vorschrift ist nicht auf Gewinne anwendbar, die im Zusammenhang mit einer durch die Betriebsstätte aktiv ausgeübten Geschäftstätigkeit bezogen werden oder mit ihr verbunden sind, mit Ausnahme einer Anlagetätigkeit, die nicht von einer Bank, einem Versicherungsunternehmen oder einem Wertpapierhändler ausgeübt wird; sie gilt auch nicht, wenn die aus dem Quellenstaat bezogenen Einkünfte Lizenzgebühren darstellen, die als Gegenleistung für die Benutzung oder das Recht auf Benutzung immaterieller Wirtschaftsgüter bezogen werden, die von dem Unternehmen durch die Betriebsstätte geschaffen oder entwickelt werden.

2. Werden nach diesem Absatz Vergünstigungen verwehrt, sollte das die fraglichen Einkünfte beziehende Unternehmen Zugang zu der Ermessensklausel in Artikel [X] Absatz 5 haben, um die Gewährung von Vergünstigungen sicherzustellen, wenn keiner der Hauptzwecke der Errichtung, des Erwerbs oder der Unterhaltung der Betriebsstätte sowie der Ausübung ihrer Geschäfte darin bestand, Vergünstigungen nach diesem Abkommen zu erhalten. Dies könnte durch Aufnahme dieser Bestimmung in Artikel [X] erreicht werden.

3. Einige Staaten bevorzugen eventuell eine umfassendere Lösung, die nicht auf Fälle begrenzt ist, in denen ein Unternehmen eines Vertragsstaats in diesem Staat von der Steuer auf Gewinne befreit ist, die einer in einem Drittstaat gelegenen Betriebsstätte zugerechnet werden können. In diesem Fall würde die Bestimmung stets dann gelten, wenn Einkünfte aus einem Vertragsstaat, die einer in einem Drittstaat gelegenen Betriebsstätte zugerechnet werden können, im Staat des Unternehmens und im Staat der Betriebsstätte zusammengenommen mit einem effektiven Steuersatz besteuert werden, der unter der 60-Prozent-Schwelle liegt. Nachfolgend eine beispielhafte Bestimmung, die für diesen Zweck verwendet werden könnte:

> *Bezieht ein Unternehmen eines Vertragsstaats Einkünfte aus dem anderen Vertragsstaat und können diese Einkünfte einer in einem Drittstaat gelegenen Betriebsstätte des Unternehmens zugerechnet werden, so gelten die anderenfalls nach den sonstigen Bestimmungen dieses Abkommens geltenden Steuervergünstigungen ungeachtet der sonstigen Bestimmungen dieses Abkommens nicht für diese Einkünfte, wenn die Gewinne dieser Betriebsstätte im erstgenannten Vertragsstaat und im Drittstaat einem kombinierten effektiven Gesamtsteuersatz von weniger als 60 Prozent des im erstgenannten Vertragsstaat geltenden allgemeinen Körperschaftsteuersatzes unter-*

liegen. Dividenden, Zinsen und Lizenzgebühren, für die dieser Absatz gilt, können weiterhin im anderen Vertragsstaat mit einem Satz besteuert werden, der 15 Prozent des Bruttobetrags dieser Einkünfte nicht übersteigen darf. Sonstige Einkünfte, für die dieser Absatz gilt, können ungeachtet der sonstigen Bestimmungen dieses Abkommens weiterhin nach dem Recht des anderen Vertragsstaats besteuert werden. Dieser Absatz findet keine Anwendung, wenn

a) Lizenzgebühren als Gegenleistung für die Benutzung oder das Recht auf Benutzung immaterieller Wirtschaftsgüter gezahlt werden, die von dem Unternehmen durch die Betriebsstätte geschaffen oder entwickelt werden, oder

b) sonstige Einkünfte aus dem anderen Vertragsstaat im Zusammenhang mit einer durch die Betriebsstätte im Drittstaat aktiv ausgeübten Geschäftstätigkeit bezogen werden oder mit ihr verbunden sind (mit Ausnahme der Vornahme, der Verwaltung und des bloßen Besitzes von Kapitalanlagen für eigene Rechnung des Unternehmens, es sei denn, es handelt sich dabei um Bank-, Versicherungs- oder Wertpapiergeschäfte einer Bank, eines Versicherungsunternehmens beziehungsweise eines zugelassenen Wertpapierhändlers).]

2. Fälle, in denen eine Person durch die Inanspruchnahme von Abkommensvergünstigungen innerstaatliche Rechtsvorschriften zu missbrauchen versucht

53. Viele der Steuerumgehungsrisiken, die zu einer Erosion der Bemessungsgrundlage führen können, werden nicht durch Doppelbesteuerungsabkommen verursacht, können durch diese jedoch begünstigt werden. In diesen Fällen genügt es nicht, die abkommensspezifischen Probleme anzugehen; hier müssen auch die innerstaatlichen Rechtsvorschriften entsprechend geändert werden. In diese Kategorie fallen u.a. folgende Umgehungsstrategien:

- Unterkapitalisierung und andere Finanzierungstransaktionen, bei denen über Steuerabzüge die Fremdkapitalkosten gemindert werden;
- Strategien der Doppelansässigkeit (z.B. wenn eine Gesellschaft für innerstaatliche Steuerzwecke inlandsansässig, für Abkommenszwecke jedoch auslandsässig ist);
- unzutreffende Verrechnungspreisgestaltung;
- Arbitragetransaktionen, bei denen Inkongruenzen im innerstaatlichen Recht eines Staates ausgenutzt werden, im Zusammenhang mit
  - der Qualifikation von Einkünften (z.B. durch Umwandlung von gewerblichen Gewinnen in Veräußerungsgewinne) oder Zahlungen (z.B. durch Umwandlung von Dividenden in Zinsen);
  - der Behandlung von Steuerpflichtigen (z.B. durch die Verlagerung von Einkünften auf steuerbefreite Rechtsträger bzw. Rechtsträger mit steuerlichen Verlusten oder durch die Verlagerung von Einkünften von nicht ansässigen auf ansässige Personen);
  - zeitlichen Differenzen (z.B. durch Steueraufschub bzw. Vorziehen von Steuerabzügen);
- Arbitragetransaktionen, bei denen Inkongruenzen zwischen dem innerstaatlichen Recht zweier Staaten ausgenutzt werden, im Zusammenhang mit
  - der Qualifikation von Einkünften;
  - der Qualifikation von Rechtsträgern;
  - zeitlichen Differenzen;

- Transaktionen, bei denen Mechanismen zur Beseitigung der Doppelbesteuerung missbraucht werden (durch Erzeugung von Einkünften, die im Quellenstaat nicht steuerpflichtig sind und vom Ansässigkeitsstaat befreit werden müssen, oder durch Missbrauch der Anrechnungsmöglichkeiten für ausländische Steuern).

54. Durch die Arbeiten zu anderen Aspekten des Aktionsplans, insbesondere Aktionspunkt 2 (Neutralisierung der Effekte hybrider Gestaltungen), Aktionspunkt 3 (Stärkung der Vorschriften zur Hinzurechnungsbesteuerung), Aktionspunkt 4 (Begrenzung der Gewinnverkürzung durch Abzug von Zins- oder sonstigen finanziellen Aufwendungen) sowie Aktionspunkte 8, 9 und 10 zu Verrechnungspreisen, wurden viele diese Transaktionen abgedeckt. Hauptziel der Arbeiten, mit denen die Gewährung von Abkommensvergünstigungen bei solchen Transaktionen vermieden werden soll, ist es sicherzustellen, dass die Anwendung bestimmter innerstaatlicher Rechtsvorschriften, die diese Transaktionen verhindern würden, nicht durch Doppelbesteuerungsabkommen behindert wird[16]. In solchen Fällen wäre die Gewährung der entsprechenden Abkommensvergünstigungen unangebracht, da sie zur Umgehung innerstaatlicher Steuern führen würde. Diese Fälle umfassen Sachverhalte, bei denen folgende Argumente angeführt werden:

- Die Bestimmungen eines Doppelbesteuerungsabkommens stehen der Anwendung einer innerstaatlichen allgemeinen Missbrauchsbekämpfungsvorschrift entgegen;
- Artikel 24 Absatz 4 und Artikel 24 Absatz 5 stehen der Anwendung innerstaatlicher Vorschriften zur Unterkapitalisierung entgegen;
- Artikel 7 und/oder Artikel 10 Absatz 5 stehen der Anwendung von Vorschriften zur Hinzurechnungsbesteuerung entgegen;
- Artikel 13 Absatz 5 steht der Anwendung von Wegzugsteuern entgegen;
- Artikel 24 Absatz 5 steht der Anwendung innerstaatlicher Vorschriften, die die Gruppenbesteuerung auf ansässige Rechtsträger begrenzen, entgegen;
- Artikel 13 Absatz 5 steht der Anwendung von Vorschriften zum Dividenden-Stripping entgegen, die auf Transaktionen zur Umwandlung von Dividenden in abkommensbefreite Veräußerungsgewinne abstellen;
- Artikel 13 Absatz 5 steht der Anwendung innerstaatlicher Vorschriften zur Einkommenszuteilung (wie z.B. Vorschriften für Trusts, bei denen sich der Errichter weitgehende Kontrollrechte vorbehält, sog. *grantor trusts*) entgegen.

55. Einige dieser Punkte werden bereits im Kommentar zu den Artikeln des OECD-Musterabkommens behandelt. So befasst sich der Kommentar z.B. ausdrücklich mit den Vorschriften zur Hinzurechnungsbesteuerung (Ziffer 23 des Kommentars zu Artikel 1 sieht vor, dass die Anwendung dieser Vorschriften nicht durch Doppelbesteuerungsabkommen berührt wird). Auch auf die Vorschriften zur Unterkapitalisierung wird Bezug genommen (laut Ziffer 3 des Kommentars zu Artikel 9 stehen Doppelbesteuerungsabkommen der Anwendung dieser Vorschriften nicht entgegen, „soweit sie im Ergebnis dazu führen, die Gewinne des Darlehensnehmers denen anzugleichen, die unter den im freien Markt vereinbarten Bedingungen angefallen wären“). Eine Reihe anderer besonderer innerstaatlicher Missbrauchsbekämpfungsvorschriften wird jedoch nicht behandelt.

56. Die Ziffern 22 und 22.1 des Kommentars zu Artikel 1 enthalten eine allgemeinere Erörterung des Zusammenspiels zwischen Doppelbesteuerungsabkommen und innerstaatlichen Missbrauchsbekämpfungsvorschriften. Darin wird festgestellt, dass bei Anwendung bestimmter innerstaatlicher Missbrauchsbekämpfungsvorschriften auf eine Transaktion, die einen Abkommensmissbrauch darstellt, kein Konflikt entstehen würde:

> 22. Geprüft wurden noch andere Formen des Abkommensmissbrauchs (z.B. der Gebrauch von Basisgesellschaften) und mögliche Gegenmaßnahmen wie Regelungen, die den wirtschaftlichen Gehalt über die formale Gestaltung stellen (wirtschaftliche Betrachtungsweise), sowie allgemeine Missbrauchsbekämpfungsvorschriften, insbesondere hinsichtlich der Frage, ob diese Vorschriften im Widerspruch zu Doppelbesteuerungsabkommen stehen [...]
>
> 22.1 Diese Vorschriften sind Teil der vom innerstaatlichen Steuerrecht vorgegebenen grundlegenden innerstaatlichen Vorschriften, die festlegen, unter welchen Umständen eine Steuerschuld entsteht; diese Vorschriften werden von den Abkommen nicht behandelt und daher nicht durch sie berührt. Somit entsteht grundsätzlich und unter Berücksichtigung der Ziffer 9.5 kein Konflikt. [...]

57. Ziffer 9.5 des Kommentars zu Artikel 1 liefert folgende Erläuterung dessen, was einen Abkommensmissbrauch ausmacht:

> Grundsätzlich sollten Abkommensvergünstigungen nicht verfügbar sein, wenn bestimmte Transaktionen oder Gestaltungen vornehmlich eingegangen wurden, um steuerliche Vorteile zu erlangen, und diese vorteilhaftere Behandlung unter diesen Umständen dem Ziel und Zweck der betreffenden Bestimmungen widersprechen würde.

58. Wie in Abschnitt A Unterabschnitt 1 festgestellt, wird eine allgemeine Missbrauchsbekämpfungsvorschrift in das OECD-Musterabkommen aufgenommen, die den bereits in Ziffer 9.5 des Kommentars zu Artikel 1 anerkannten Grundsatz beinhaltet. Durch die Aufnahme dieses Grundsatzes in Doppelbesteuerungsabkommen wird eindeutig klargestellt, dass Vertragsstaaten die Anwendung der Bestimmungen ihres Abkommens versagen werden, wenn bestimmte Transaktionen oder Gestaltungen eingegangen werden, um die mit diesen Bestimmungen verbundenen Vergünstigungen in unangemessenen Fällen zu erhalten. Die Aufnahme dieses Grundsatzes in eine bestimmte Abkommensbestimmung ändert jedoch nichts an den bereits im Kommentar zu Artikel 1 enthaltenen Feststellungen zum Zusammenspiel zwischen Abkommen und innerstaatlichen Missbrauchsbekämpfungsvorschriften; diese Feststellungen gelten weiterhin, insbesondere in Bezug auf Abkommen, in die die neue allgemeine Missbrauchsbekämpfungsvorschrift nicht aufgenommen wird.

59. Mit der nachstehenden Neufassung des derzeit im Kommentar zu Artikel 1 enthaltenen Abschnitts „Abkommensmissbrauch" wird dieser Feststellung Rechnung getragen und der Zusammenhang zwischen innerstaatlichen Missbrauchsbekämpfungsvorschriften und Doppelbesteuerungsabkommen besser zum Ausdruck gebracht:

Abkommensmissbrauch

> ***7. Doppelbesteuerungsabkommen sollen durch Beseitigung der internationalen Doppelbesteuerung hauptsächlich den Austausch von Gütern und Dienstleistungen sowie den Kapital- und Personenverkehr fördern. Wie in der Präambel des Abkommens bestätigt, sollen Doppelbesteuerungsabkommen aber auch die Steuerumgehung und -hinterziehung verhindern.***
>
> ***8. Das immer größer werdende Netz aus Doppelbesteuerungsabkommen erhöht die Missbrauchsgefahr, da es hierdurch leichter wird, über künstliche Gestaltungen sowohl die Steuervorteile nach bestimmten innerstaatlichen Rechtsvorschriften als auch die Steuererleichterungen aus den Doppelbesteuerungsabkommen in Anspruch zu nehmen.***
>
> ***9. Dies wäre beispielsweise der Fall, wenn sich eine Person (unabhängig davon, ob sie in einem Vertragsstaat ansässig ist) eines Rechtsträgers bedient, der in einem***

Staat in erster Linie dazu geschaffen wurde, Abkommensvergünstigungen zu erlangen, die der Person selbst nicht zustünden. Ein weiteres Beispiel wäre, wenn eine natürliche Person, die in einem Vertragsstaat sowohl ihre ständige Wohnstätte als auch alle ihre wirtschaftlichen Interessen hat, einschließlich einer wesentlichen Beteiligung an einer Gesellschaft dieses Staates, hauptsächlich in der Absicht, die Beteiligung zu veräußern und der Besteuerung der Veräußerungsgewinne in diesem Staat (nach Artikel 13 Absatz 5) zu entgehen, ihre ständige Wohnstätte in den anderen Vertragsstaat verlegt, wo diese Gewinne nur gering oder überhaupt nicht besteuert werden.

Bekämpfung der Steuerumgehung mittels Doppelbesteuerungsabkommen

10. Artikel [X] Absatz 7 [PPT-Klausel] und die in Doppelbesteuerungsabkommen enthaltenen besonderen Missbrauchsbekämpfungsvorschriften zielen auf diese und andere Transaktionen und Gestaltungen ab, die zum Erhalt von Abkommensvergünstigungen in unangemessenen Fällen eingegangen werden. [Der Rest der ehemaligen Ziffer 1 wurde in Ziffer 19 verschoben.] Enthält ein Doppelbesteuerungsabkommen jedoch keine entsprechenden Vorschriften, stellt sich ggf. die Frage, ob Abkommensvergünstigungen gewährt werden sollen, wenn Transaktionen eingegangen werden, die einen Missbrauch der Abkommensbestimmungen darstellen.

11. Viele Staaten beantworten diese Frage, indem sie berücksichtigen, dass Steuern letztendlich nach dem innerstaatlichen Recht unter Beachtung der durch Doppelbesteuerungsabkommen vorgegebenen Beschränkungen (und in einigen seltenen Fällen Erweiterungen) erhoben werden. Daher könnte jeder Abkommensmissbrauch auch als Missbrauch des innerstaatlichen Rechts, nach dem die Steuer erhoben wird, eingestuft werden. Für diese Staaten stellt sich dann die Frage, ob die Doppelbesteuerungsabkommen ggf. die Anwendung der innerstaatlichen Missbrauchsvorschriften verhindern; diese Frage wird in den Ziffern 19 bis 26.8 behandelt. Wie in diesen Ziffern erläutert, besteht zwischen den innerstaatlichen Vorschriften und den Abkommensbestimmungen grundsätzlich kein Konflikt.

12. Andere Staaten betrachten einige Missbräuche vorzugsweise als Missbräuche des Abkommens selbst und nicht als Missbräuche des innerstaatlichen Rechts. Diese Staaten vertreten dann allerdings die Ansicht, dass die richtige Auslegung der Abkommen es ihnen erlaubt, missbräuchliche Transaktionen nicht anzuerkennen, z.B. solche, die darauf abzielen, nach dem Abkommen nicht beabsichtigte Vergünstigungen zu erlangen. Diese Auslegung ergibt sich aus dem Ziel und Zweck der Steuerabkommen sowie aus der Verpflichtung, sie nach Treu und Glauben auszulegen (siehe Artikel 31 des Wiener Übereinkommens über das Recht der Verträge).

13. Nach beiden Ansätzen besteht daher Übereinstimmung, dass Staaten Abkommensvergünstigungen nicht gewähren müssen, wenn Gestaltungen eingegangen werden, die einen Abkommensmissbrauch darstellen.

14. Es ist jedoch darauf hinzuweisen, dass nicht leichtfertig angenommen werden sollte, dass ein Steuerpflichtiger missbräuchliche Transaktionen der oben genannten Art tätigt. Grundsätzlich sollten Abkommensvergünstigungen nicht gewährt werden, wenn bestimmte Transaktionen oder Gestaltungen vornehmlich eingegangen werden, um steuerliche Vorteile zu erlangen, und diese vorteilhaftere Behandlung unter diesen Umständen dem Ziel und Zweck der betreffenden Bestimmungen widersprechen würde. Dieser Grundsatz gilt unabhängig von Artikel [X] Absatz 7 [PPT-Klausel], durch den er lediglich bestätigt wird.

15. Die mögliche Anwendung dieser Grundsätze oder des Artikels [X] Absatz 7 bedeutet nicht, dass keine besonderen Vorschriften zur Verhinderung konkreter Arten der Steuerumgehung in Doppelbesteuerungsabkommen aufgenommen werden müssen. Wenn bestimmte Steuerumgehungsmethoden festgestellt wurden oder der Gebrauch dieser Methoden besonders problematisch ist, ist es oftmals nützlich, in das Abkommen Vorschriften aufzunehmen, die unmittelbar auf die betreffende Umgehungsstrategie ausgerichtet sind. Dies wird ebenfalls erforderlich sein, wenn ein Staat, der die in Ziffer 11 beschriebene Auffassung vertritt, der Meinung ist, dass es in seinem innerstaatlichen Recht keine angemessenen Vorschriften oder Grundsätze zur Bekämpfung von Umgehungsstrategien gibt.

16. Einige Formen der Steuerumgehung werden bereits ausdrücklich im Abkommen behandelt, z.B. durch die Einführung des Begriffs „Nutzungsberechtigter" (Artikel 10, 11 und 12) sowie besonderer Bestimmungen zu Künstlergesellschaften (Artikel 17 Absatz 2). Diese Probleme werden auch in den Kommentaren zu Artikel 10 (Ziffern 17 und 22), Artikel 11 (Ziffer 12) und Artikel 12 (Ziffer 7) thematisiert.

17. Auch kann in einigen Fällen die Inanspruchnahme von Abkommensvergünstigungen durch Tochtergesellschaften, insbesondere wenn sie in Steueroasen errichtet wurden oder von schädlichen Vorzugsregelungen profitieren, verweigert werden, wenn die sorgfältige Abwägung der Umstände eines Einzelfalles ergibt, dass der Ort der tatsächlichen Geschäftsleitung der Tochtergesellschaft nicht in ihrem angeblichen Ansässigkeitsstaat, sondern im Ansässigkeitsstaat der Muttergesellschaft liegt, sodass sie für Zwecke des innerstaatlichen Rechts in letzterem Staat ansässig ist (dies ist dann von Bedeutung, wenn das innerstaatliche Recht eines Staats zur Bestimmung der Ansässigkeit einer juristischen Person auf den Ort der Geschäftsleitung oder ein ähnliches Merkmal abstellt).

18. Die sorgfältige Abwägung der Umstände eines Einzelfalls kann auch ergeben, dass die Geschäftsleitung der Tochtergesellschaft im Ansässigkeitsstaat der Muttergesellschaft in der Form ausgeübt wurde, dass die Tochtergesellschaft dort eine Betriebsstätte (z.B. als Ort der Geschäftsleitung) hatte, der ihre gesamten Gewinne oder ein wesentlicher Teil davon zutreffend zuzurechnen waren.

Bekämpfung der Steuerumgehung mittels innerstaatlicher Missbrauchsbekämpfungsvorschriften und Rechtsgrundsätze

19. Gegen Transaktionen und Gestaltungen, die dem Erhalt von Abkommensvergünstigungen in unangemessenen Fällen dienen, kann auch mit innerstaatlichen Missbrauchsbekämpfungsvorschriften und Rechtsgrundsätzen vorgegangen werden. Auf der Grundlage dieser Vorschriften und Grundsätze können auch Transaktionen oder Gestaltungen angegangen werden, mit denen sowohl das innerstaatliche Recht als auch Doppelbesteuerungsabkommen missbraucht werden sollen.

20. Aus diesen Gründen spielen innerstaatliche Missbrauchsbekämpfungsvorschriften und Rechtsgrundsätze eine wichtige Rolle, wenn es darum geht, die Gewährung von Abkommensvergünstigungen in unangemessenen Fällen zu verhindern. Die Anwendung dieser innerstaatlichen Missbrauchsbekämpfungsvorschriften und -grundsätze kann jedoch zu Konflikten mit Abkommensbestimmungen führen, insbesondere dann, wenn Abkommensbestimmungen zum leichteren Missbrauch innerstaatlicher Rechtsvorschriften herangezogen werden (z.B. wenn behauptet wird, dass Abkommensbestimmungen den Steuerpflichtigen vor der Anwendung bestimmter innerstaatlicher Missbrauchsbekämpfungsvorschriften schützen). Diese Problematik

wird nachstehend in Bezug auf besondere Missbrauchsbekämpfungsvorschriften, allgemeine Missbrauchsbekämpfungsvorschriften sowie Rechtsgrundsätze erläutert.

Besondere Missbrauchsbekämpfungsvorschriften

21. Wenn Steuerbehörden gegen die unangemessene Inanspruchnahme eines Doppelbesteuerungsabkommens vorgehen wollen, können sie zunächst die Anwendung einer in ihrem innerstaatlichen Steuerrecht vorgesehenen besonderen Missbrauchsbekämpfungsvorschrift in Erwägung ziehen.

22. Viele der im innerstaatlichen Recht vorgesehenen besonderen Missbrauchsbekämpfungsvorschriften gelten in erster Linie für grenzüberschreitende Sachverhalte und können daher für die Anwendung von Doppelbesteuerungsabkommen relevant sein. So können Vorschriften zur Unterkapitalisierung z.B. den Abzug gewinnmindernder Zinszahlungen an in Abkommensstaaten ansässige Personen beschränken; Verrechnungspreisvorschriften können (selbst wenn sie nicht in erster Linie zur Missbrauchsbekämpfung gedacht sind) die künstliche Verlagerung von Einkünften von einem inlandsansässigen Unternehmen an ein in einem Abkommensstaat ansässiges Unternehmen verhindern; Vorschriften zur Wegzugsbesteuerung können verhindern, dass durch einen Ansässigkeitswechsel vor der Realisierung eines abkommensbefreiten Veräußerungsgewinns die Steuer vom Veräußerungsgewinn umgangen wird; Vorschriften zum Dividenden-Stripping können vermeiden, dass innerstaatliche Abzugsteuern auf Dividenden mittels Transaktionen zur Umwandlung der Dividenden in abkommensbefreite Veräußerungsgewinne umgangen werden, und mit Vorschriften zur Bekämpfung von Durchlaufgestaltungen können bestimmte Umgehungstransaktionen, bei denen Durchlaufgestaltungen zwischengeschaltet werden, verhindert werden.

23. Führt die Anwendung innerstaatlicher Rechtsvorschriften einerseits und von Abkommensbestimmungen andererseits zu widersprüchlichen Ergebnissen, sollten grundsätzlich die Abkommensbestimmungen Vorrang haben. Dies ist die logische Konsequenz des Grundsatzes der Vertragstreue („pacta sunt servanda“) gemäß Artikel 26 des Wiener Übereinkommens über das Recht der Verträge. Sollte die Anwendung von im innerstaatlichen Recht vorgesehenen besonderen Missbrauchsbekämpfungsvorschriften zu einer abkommenswidrigen steuerlichen Behandlung führen, stünde dies im Widerspruch zu dem betreffenden Abkommen, dessen Bestimmungen völkerrechtlich Vorrang haben sollten[1].

[Fußnote zu Ziffer 23:] 1. Siehe Artikel 60 des Wiener Übereinkommens über das Recht der Verträge: „Eine erhebliche Verletzung eines zweiseitigen Vertrags durch eine Vertragspartei berechtigt die andere Vertragspartei, die Vertragsverletzung als Grund für die Beendigung des Vertrags oder für seine gänzliche oder teilweise Suspendierung geltend zu machen.“

24. Wie nachstehend erläutert, werden solche Konflikte jedoch oftmals vermieden, wobei stets eine Einzelfallprüfung unter Berücksichtigung der jeweiligen Umstände zu erfolgen hat.

25. Erstens kann ein Abkommen die Anwendung bestimmter besonderer innerstaatlicher Missbrauchsbekämpfungsvorschriften ausdrücklich zulassen. So ist nach Artikel 9 die Anwendung innerstaatlicher Vorschriften unter den in diesem Artikel festgelegten Umständen ausdrücklich zulässig. Außerdem enthalten viele Abkommen besondere Bestimmungen, die klarstellen, dass kein Widerspruch besteht, oder die Anwendung der innerstaatlichen Vorschriften zulassen, selbst wenn ein Widerspruch besteht. Dies wäre z.B. der Fall bei einer Abkommensbestimmung, die die Anwendung einer im innerstaatlichen Recht eines oder beider Vertragsstaaten vorgesehenen Unterkapitalisierungsvorschrift ausdrücklich zulässt.

26. Zweitens hängen viele Abkommensbestimmungen von der Anwendung des innerstaatlichen Rechts ab. Dies gilt z.B. für die Feststellung der Ansässigkeit einer Person (Artikel 4 Absatz 1), die Ermittlung von unbeweglichem Vermögen (Artikel 6 Absatz 2) sowie die Feststellung, wann Einkünfte aus Gesellschaftsanteilen als Dividenden gelten (Artikel 10 Absatz 3). Ganz allgemein richtet sich nach Artikel 3 Absatz 2 die Bedeutung von nicht im Abkommen definierten Ausdrücken nach dem innerstaatlichen Recht. Daher wirkt sich die Anwendung der nach innerstaatlichem Recht vorgesehenen besonderen Missbrauchsbekämpfungsvorschriften in vielen Fällen eher auf die Art der Anwendung der Abkommensbestimmungen aus, als dass sie zu widersprüchlichen Ergebnissen führt. Ein Beispiel dafür wäre, wenn die bei Rückkauf einiger Anteile durch eine Gesellschaft von einem Anteilseigner realisierten Gewinne nach innerstaatlichem Recht als Dividenden gelten: Wenngleich man den Rückkauf als Veräußerung im Sinne des Artikels 13 Absatz 5 betrachten könnte, wird in Ziffer 28 des Kommentars zu Artikel 10 anerkannt, dass diese Gewinne, wenn sie nach innerstaatlichem Recht als Dividenden gelten, Dividenden im Sinne des Artikels 10 darstellen.

26.1 Drittens kann die Anwendung von Abkommensbestimmungen in Fällen, bei denen ein Missbrauch dieser Bestimmungen vorliegt, nach Artikel [X] Absatz 7 [PPT-Klausel] oder im Falle eines Abkommens, das diesen Absatz nicht enthält, nach den in den Ziffern 13 und 14 genannten Grundsätzen versagt werden. In diesen Fällen entsteht kein Konflikt mit den Abkommensbestimmungen, wenn die Abkommensvergünstigungen sowohl nach Artikel [X] Absatz 7 (bzw. den in den Ziffern 13 und 14 genannten Grundsätzen) als auch nach den einschlägigen innerstaatlichen besonderen Missbrauchsbekämpfungsvorschriften versagt werden. In den innerstaatlichen besonderen Missbrauchsbekämpfungsvorschriften wird jedoch oftmals Bezug auf objektive Kennzahlen genommen, wie z.B. eine bestimmte Beteiligungshöhe oder Verschuldungsquote. Dies erleichtert zwar ihre Anwendung und erhöht die Rechtssicherheit, kann allerdings gelegentlich dazu führen, dass die Vorschrift in einem Fall angewandt wird, in dem sie im Widerspruch zu einer Abkommensbestimmung steht und in dem Absatz 7 zur Versagung der entsprechenden Abkommensvergünstigungen keine Anwendung findet (und in dem auch die Grundsätze aus den Ziffern 13-14 keine Anwendung finden). In diesem Fall lässt das Abkommen die Anwendung der innerstaatlichen Vorschrift nicht zu, insoweit ein Konflikt besteht. Ein Beispiel für einen solchen Fall wäre, wenn eine innerstaatliche Rechtsvorschrift in Staat A zur Vermeidung von vorübergehenden Ansässigkeitswechseln für steuerliche Zwecke die Besteuerung einer in Staat B ansässigen natürlichen Person in Bezug auf Gewinne aus der Veräußerung von in einem Drittstaat befindlichem Vermögen vorsieht, wenn die betreffende Person zum Zeitpunkt des Vermögenserwerbs und mindestens sieben der zehn Jahre vor der Veräußerung in Staat A ansässig war. In diesem Fall würde, insoweit Artikel 13 Absatz 5 die Besteuerung der Person durch Staat A bei Veräußerung des Vermögens nicht zulässt, das Abkommen der Anwendung der innerstaatlichen Vorschrift entgegenstehen, sofern die in Artikel 13 Absatz 5 vorgesehenen Vergünstigungen im konkreten Fall nicht gemäß Artikel [X] Absatz 7 oder den Grundsätzen aus den Ziffern 13-14 versagt werden könnten.

26.2 Viertens kann die Anwendung von Abkommensbestimmungen aufgrund von Rechtsgrundsätzen oder Grundsätzen für die Auslegung des Abkommens versagt werden (siehe Ziffer 26.5). In diesen Fällen entsteht kein Konflikt mit den Abkommens-

bestimmungen, wenn die Abkommensvergünstigungen sowohl nach einer zutreffenden Auslegung des Abkommens als auch infolge der Anwendung innerstaatlicher besonderer Missbrauchsbekämpfungsvorschriften versagt werden. Angenommen, das innerstaatliche Recht von Staat A sieht die Besteuerung von Gewinnen aus der Veräußerung von Anteilen an einer inländischen Gesellschaft vor, an deren Kapital der Verkäufer zu über 25 Prozent beteiligt ist, sofern dieser mindestens sieben der zehn Jahre vor der Veräußerung in Staat A ansässig war. In Jahr 2 wird eine Person, die in den vorangegangenen zehn Jahren in Staat A ansässig war, in Staat B ansässig. Kurz nach ihrem Ansässigkeitswechsel zu Staat B veräußert die Person die Gesamtheit der Anteile an einer kleinen Gesellschaft, die sie zuvor in Staat A gründet hat. Anhand der Fakten ist jedoch offensichtlich, dass sämtliche Elemente der Veräußerung in Jahr 1 abgeschlossen wurden, der Käufer dem Verkäufer zu diesem Zeitpunkt ein zinsfreies „Darlehen" in Höhe des Verkaufspreises gewährt hat, der Käufer das Darlehen beim Kauf der Anteile in Jahr 2 gekündigt hat und er die Gesellschaft de facto ab Jahr 1 beherrscht hat. Wenngleich der Gewinn aus der Veräußerung der Anteile normalerweise unter Artikel 13 Absatz 5 des Doppelbesteuerungsabkommens zwischen Staat A und Staat B fallen könnte, gilt die Veräußerung in Jahr 2 aufgrund der besonderen Umstände der Anteilsübertragung als Scheingeschäft im Sinne der Begriffsbestimmung durch die Gerichte von Staat A. Soweit der von den Gerichten von Staat A aufgestellte Rechtsgrundsatz zu Scheingeschäften nicht im Widerspruch zu den Vorschriften zur Abkommensauslegung steht, kann in diesem Fall bei der Auslegung von Artikel 13 Absatz 5 des Doppelbesteuerungsabkommens zwischen Staat A und Staat B dieser Rechtsgrundsatz angewandt werden, dem zufolge Staat A den entsprechenden Gewinn nach seinem innerstaatlichen Recht besteuern darf.

Allgemeine Missbrauchsbekämpfungsvorschriften

26.3 Viele Länder haben in ihr innerstaatliches Recht eine allgemein gültige Missbrauchsbekämpfungsvorschrift zur Vermeidung missbräuchlicher Gestaltungen aufgenommen, die durch die besonderen Missbrauchsbekämpfungsvorschriften oder Rechtsgrundsätze nicht ausreichend abgedeckt sind.

26.4 Die Anwendung dieser allgemeinen Missbrauchsbekämpfungsvorschriften kann ebenfalls zu Konflikten mit Abkommensbestimmungen führen. In den meisten Fällen wird es jedoch zu keinem Konflikt kommen. Zunächst werden Konflikte aus ähnlichen Gründen wie in den Ziffern 25 und 26 dargestellt vermieden. Sofern diese innerstaatlichen allgemeinen Missbrauchsbekämpfungsvorschriften im Wesentlichen dem Grundsatz aus Ziffer 14 entsprechen und daher mit Artikel [X] Absatz 7 vergleichbar sind, der diesen Grundsatz beinhaltet, ist darüber hinaus klar, dass es zu keinem Konflikt kommen kann, da die einschlägige innerstaatliche allgemeine Missbrauchsbekämpfungsvorschrift in denselben Fällen Anwendung findet, in denen die Abkommensvergünstigungen nach Absatz 7 oder – bei einem Abkommen, das diesen Absatz nicht enthält – unter Verweis auf den Grundsatz aus Ziffer 14 versagt würden.

Rechtsgrundsätze, die Teil des innerstaatlichen Rechts sind

26.5 Bei der Auslegung des Steuerrechts in Fällen der Steuerumgehung haben die Gerichte vieler Länder eine Reihe von Rechtsgrundsätzen bzw. Auslegungsgrundsätzen entwickelt. Dazu gehören Konzepte wie die wirtschaftliche Betrachtungsweise, wirtschaftliche Substanz, Scheingeschäfte, Geschäftszweck, Step-transaction, Rechtsmissbrauch und fraus legis. Bei diesen Rechts- und Auslegungsgrundsätzen, die von Land zu Land unterschiedlich sind und infolge neuer Gerichtsurteile fortlaufend weiterentwickelt oder geändert werden, handelt es sich im Wesentlichen um von den Gerichten vertretene Auffassungen zur Auslegung des Steuerrechts. Die Auslegung von Doppelbesteuerungsabkommen unterliegt zwar den allgemeinen Vorschriften gemäß den Artikeln 31 bis 33 des Wiener Übereinkommens über das Recht der Verträge, diese stehen jedoch der Anwendung vergleichbarer Rechts- und Auslegungsgrundsätze bei der Auslegung von Doppelbesteuerungsabkommen nicht entgegen. Haben die Gerichte eines Landes z.B. festgestellt, dass nach ihrer Rechtsauffassung bei der Anwendung der innerstaatlichen Steuervorschriften auf die wirtschaftliche Substanz bestimmter Transaktionen abzustellen ist, kann bei Anwendung der Abkommensbestimmungen auf gleichartige Transaktionen durchaus ähnlich verfahren werden. Dies wird durch das Beispiel in Ziffer 26.2 verdeutlicht.

26.6 Daher führt die vorstehende Analyse grundsätzlich und unter Beachtung der Ziffer 14 zu dem Schluss, dass zwischen Doppelbesteuerungsabkommen und den Rechtsgrundsätzen bzw. allgemeinen Missbrauchsbekämpfungsvorschriften des innerstaatlichen Rechts kein Konflikt besteht. Beispiel: Sofern die Anwendung einer allgemeinen innerstaatlichen Missbrauchsbekämpfungsvorschrift oder von Rechtskonzepten wie „wirtschaftliche Betrachtungsweise" oder „wirtschaftliche Substanz" zu einer Umqualifizierung von Einkünften oder einer Neuermittlung des die Einkünfte beziehenden Steuerpflichtigen führt, gelten die Abkommensbestimmungen unter Berücksichtigung dieser Änderungen.

26.7 Auch wenn diese Vorschriften nicht im Widerspruch zu Doppelbesteuerungsabkommen stehen, herrscht Einigkeit darüber, dass die Mitgliedstaaten die in den Steuerabkommen verankerten konkreten Verpflichtungen zur Entlastung von Doppelbesteuerung sorgfältig einhalten sollten, solange kein eindeutiger Hinweis auf Abkommensmissbrauch vorliegt.

Vorschriften zur Hinzurechnungsbesteuerung

26.8 Eine beträchtliche Anzahl von Ländern hat Vorschriften zur Hinzurechnungsbesteuerung erlassen, um die Problematik im Zusammenhang mit ausländischen Basisgesellschaften anzugehen. Diese mittlerweile international als legitimes Instrument zum Schutz des inländischen Steuersubstrats anerkannten Vorschriften sind zwar von Land zu Land recht unterschiedlich ausgestaltet, führen jedoch im Ergebnis dazu, dass ein Vertragsstaat die in seinem Gebiet ansässigen Personen in Bezug auf Einkünfte, die ihrer Beteiligung an bestimmten ausländischen Rechtsträgern zuzurechnen sind, besteuert. Gestützt auf eine gewisse Auslegung einiger Abkommensbestimmungen wie z.B. Artikel 7 Absatz 1 und Artikel 10 Absatz 5 wird gelegentlich die Ansicht vertreten, dass diese Gemeinsamkeit der Vorschriften zur Hinzurechnungsbesteuerung im Widerspruch zu diesen Abkommensbestimmungen stehe. Da diese Vorschriften dazu führen, dass ein Staat die in seinem Gebiet ansässigen Personen besteuert, liefert Artikel 1 Absatz 3 die Bestätigung, dass sie nicht im Widerspruch zu Doppelbesteuerungsabkommen stehen. Dieselbe Feststellung gilt im Fall von Abkommen, die keine mit Artikel 1 Absatz 3 vergleichbare Bestimmung enthalten; aus den in Ziffer 14 des Kommentars zu Artikel 7 und in Ziffer 37 des Kommentars zu Artikel 10 genannten Gründen steht die Auslegung, der zufolge diese Artikel der Anwendung von Vorschriften zur Hinzurechnungsbesteuerung entgegenstünden, nicht im Einklang mit dem Wortlaut des Artikels 7 Absatz 1 und des Artikels 10 Absatz 5. Sie hat auch keinen Bestand, wenn diese Vorschriften in ihrem Kontext gelesen werden. Das bedeutet, dass, wenngleich einige Länder es für hilfreich erachten, in ihren Abkommen ausdrücklich klarzustellen, dass Vorschriften zur Hinzurechnungsbesteuerung nicht im Widerspruch zum Abkommen

stehen, diese Klarstellung gar nicht erforderlich ist. Es wird anerkannt, dass entsprechend ausgestaltete Vorschriften zur Hinzurechnungsbesteuerung nicht im Widerspruch zu den Abkommensbestimmungen stehen.

60. Im Folgenden werden zwei konkrete Fragen hinsichtlich des Zusammenspiels zwischen Doppelbesteuerungsabkommen und innerstaatlichen besonderen Missbrauchsbekämpfungsvorschriften erörtert. Die erste Frage betrifft die im innerstaatlichen Recht eines Staates vorgesehenen innerstaatlichen Missbrauchsbekämpfungsvorschriften, mit denen Umgehungsstrategien seitens der in diesem Staat ansässigen Personen vermieden werden sollen. Bei der zweiten Frage, die mittelbar mit der ersten verbunden ist, geht es um die Anwendung von Doppelbesteuerungsabkommen auf sog. Wegzugsteuern.

a) Anwendung von Doppelbesteuerungsabkommen zur Einschränkung des Rechts eines Vertragsstaats auf Besteuerung der in seinem Gebiet ansässigen Personen

61. Die meisten Bestimmungen in Doppelbesteuerungsabkommen sollen das Recht eines Vertragsstaats auf Besteuerung von im anderen Vertragsstaat ansässigen Personen einschränken. In einigen wenigen Fällen wurde jedoch angeführt, dass einige Bestimmungen zur Besteuerung von im Ausland ansässigen Personen so ausgelegt werden könnten, als schränkten sie das Recht eines Vertragsstaats auf Besteuerung der in seinem Gebiet ansässigen Personen ein. Diese Auffassungen wurden in den Ziffern 6.1 und 23 des Kommentars zu Artikel 1 zurückgewiesen, wobei es in der erstgenannten Ziffer um das Recht eines Vertragsstaats zur Besteuerung von in seinem Gebiet ansässigen Gesellschaftern in Bezug auf ihren Anteil an den Einkünften einer im anderen Vertragsstaat als ansässig geltenden Personengesellschaft geht und in der zweitgenannten Ziffer um die Vorschriften zur Hinzurechnungsbesteuerung (siehe auch Ziffer 14 des Kommentars zu Artikel 7 zum selben Thema).

62. Es wurde abschließend festgestellt, dass der Grundsatz aus Ziffer 6.1 des Kommentars zu Artikel 1 auf die allermeisten Bestimmungen des Musterabkommens angewendet werden sollte, um Auslegungen zu verhindern, mit denen (wie das Beispiel der Vorschriften zur Hinzurechnungsbesteuerung verdeutlicht) die Anwendung der innerstaatlichen Missbrauchsbekämpfungsvorschriften eines Vertragsstaats umgangen werden soll. Dies entspricht der seit langem von den Vereinigten Staaten in ihren Doppelbesteuerungsabkommen verfolgten Praxis, mithilfe einer so genannten „Saving-Clause“[17] das Recht der Vertragsstaaten zur Besteuerung der in ihrem Gebiet ansässigen Personen (und Staatsbürger im Falle der Vereinigten Staaten) unabhängig von den Abkommensbestimmungen – mit Ausnahme derjenigen, die wie z.B. die Bestimmungen zur Beseitigung einer Doppelbesteuerung eindeutig für Inlandsansässige gelten – zu bestätigen.

63. Aufgrund dieser Entscheidung wird das Musterabkommen wie folgt geändert:

Artikel 1 wird durch folgenden Absatz 3 ergänzt:

3. Dieses Abkommen berührt nicht die Besteuerung von in einem Vertragsstaat ansässigen Personen durch diesen Vertragsstaat außer in Bezug auf nach Artikel 7 Absatz 3, Artikel 9 Absatz 2 sowie den Artikeln 19, 20, 23 A [23 B], 24, 25 und 28 gewährte Vergünstigungen.

Der Kommentar zu Artikel 1 wird durch die folgenden Ziffern 26.17 bis 26.21 ergänzt (wodurch weitere Änderungen im Kommentar erforderlich werden):

26.17 Während einige Bestimmungen des Abkommens (z.B. Artikel 23A und 23B) eindeutig darauf ausgerichtet sind, wie ein Vertragsstaat die in seinem Gebiet ansässigen Personen besteuern soll, geht es bei den meisten Abkommensbestimmungen darum,

das Recht eines Vertragsstaats auf Besteuerung der im anderen Vertragsstaat ansässigen Personen zu beschränken. In einigen wenigen Fällen wurde allerdings angeführt, dass einige Bestimmungen so ausgelegt werden könnten, als beschränkten sie das Recht eines Vertragsstaats auf Besteuerung der in seinem Gebiet ansässigen Personen in Fällen, in denen dies nicht beabsichtigt ist (siehe z.B. Ziffer 23, in der es um Vorschriften zur Hinzurechnungsbesteuerung geht).

26.18 Absatz 3 bestätigt den allgemeinen Grundsatz, dass das Abkommen nicht das Recht eines Vertragsstaats auf Besteuerung der in seinem Gebiet ansässigen Personen einschränkt, sofern dies nicht beabsichtigt ist, und führt die Bestimmungen auf, für die dieser Grundsatz nicht gilt.

26.19 Die entsprechend aufgeführten Ausnahmen sollen alle Fälle abdecken, bei denen das Abkommen vorsieht, dass ein Vertragsstaat den in seinem Gebiet ansässigen Personen ggf. Abkommensvergünstigungen gewähren muss (unabhängig davon, ob diese oder gleichartige Vergünstigungen im innerstaatlichen Recht des betreffenden Staates vorgesehen sind). Dabei handelt es sich um folgende Bestimmungen:

- Artikel 7 Absatz 3, der vorsieht, dass ein Vertragsstaat einem seiner Unternehmen nach einer vom anderen Vertragsstaat gemäß Artikel 7 Absatz 2 vorgenommenen Berichtigung der Steuern, die auf die Gewinne einer Betriebsstätte des Unternehmens erhoben werden, eine entsprechende Berichtigung zu gewähren hat.
- Artikel 9 Absatz 2, der vorsieht, dass ein Vertragsstaat einem seiner Unternehmen nach einer vom anderen Vertragsstaat gemäß Artikel 9 Absatz 1 vorgenommenen Berichtigung der Steuern, die auf die Gewinne eines verbundenen Unternehmens erhoben werden, eine entsprechende Berichtigung zu gewähren hat.
- Artikel 19, der Auswirkungen darauf haben kann, wie ein Vertragsstaat eine in seinem Gebiet ansässige natürliche Person besteuert, die im Zusammenhang mit für den anderen Vertragsstaat oder eine seiner Gebietskörperschaften geleisteten Diensten Einkünfte bezieht.
- Artikel 20, der Auswirkungen darauf haben kann, wie ein Vertragsstaat eine in seinem Gebiet ansässige natürliche Person besteuert, die auch ein Student ist, der die Bedingungen dieses Artikels erfüllt.
- Artikel 23 A und 23 B, die vorsehen, dass ein Vertragsstaat die in seinem Gebiet ansässigen Personen von einer Doppelbesteuerung in Bezug auf Einkünfte, die der andere Staat gemäß dem Abkommen besteuern kann (einschließlich der Gewinne, die nach Artikel 7 Absatz 2 einer im anderen Vertragsstaat gelegenen Betriebsstätte zugerechnet werden können), zu entlasten hat.
- Artikel 24, der die in einem Vertragsstaat ansässigen Personen vor bestimmten diskriminierenden Besteuerungspraktiken dieses Staates schützt (z.B. steuerliche Ungleichbehandlung zweier Personen aufgrund ihrer Staatsangehörigkeit).
- Artikel 25, der vorsieht, dass die in einem Vertragsstaat ansässigen Personen, die zuständige Behörde dieses Vertragsstaates um die Prüfung abkommenswidriger Besteuerungsfälle ersuchen können.
- Artikel 28, der Auswirkungen darauf haben kann, wie ein Vertragsstaat eine in seinem Gebiet ansässige natürliche Person besteuert, die Mitglied einer diplomatischen Mission oder konsularischen Vertretung im anderen Vertragsstaat ist.

26.20 Die Aufzählung der Ausnahmen in Absatz 3 sollte auch alle sonstigen Bestimmungen umfassen, die die Vertragsstaaten in ihr bilaterales Abkommen auf-

zunehmen vereinbaren, sofern sie die Besteuerung der in einem Vertragsstaat ansässigen Personen durch diesen Vertragsstaat berühren. Vereinbaren die Vertragsstaaten z.B. gemäß Ziffer 27 des Kommentars zu Artikel 18, in ihr bilaterales Abkommen eine Bestimmung aufzunehmen, nach der Ruhegehälter und sonstige Zahlungen aufgrund der Sozialversicherungsgesetzgebung eines Vertragsstaats nur in diesem Staat besteuert werden können, sollten sie diese Bestimmung in die Aufzählung der Ausnahmen in Absatz 3 mit aufnehmen.

26.21 Der in Absatz 3 und im gesamten Abkommen verwendete Ausdruck „ansässige Person" ist in Artikel 4 definiert. Gilt eine Person aufgrund des Artikels 4 Absatz 1 nach dem innerstaatlichen Recht beider Vertragsstaaten als in beiden Staaten ansässig, wird nach Artikel 4 Absatz 2 bzw. 3 für die Zwecke des Abkommens ein einziger Ansässigkeitsstaat bestimmt. Absatz 3 gilt daher nicht für natürliche oder juristische Personen, die nach dem Recht eines Vertragsstaats in einem der Vertragsstaaten ansässig sind, sondern die für die Zwecke des Abkommens als nur im anderen Vertragsstaat ansässig gelten.

64. Bei den Arbeiten zu der o.g. neuen Bestimmung wurde eine Reihe von Fragen betreffend die Entlastung von der Doppelbesteuerung erörtert. Es wurde vereinbart, dass nach den Artikeln 23 A und 23 B des OECD-Musterabkommens ein Vertragsstaat grundsätzlich nur dann Entlastung von der Doppelbesteuerung zu gewähren hat, wenn die betreffenden Einkünfte aufgrund von Abkommensbestimmungen vom anderen Staat als Quellenstaat oder als Staat mit einer Betriebsstätte, der die Einkünfte zuzurechnen sind, besteuert werden konnten. Um diesen Grundsatz zu bekräftigen, wurde im letzten Stadium der o.g. Arbeiten der nachstehende Änderungsvorschlag zu den Artikeln 23 A und 23 B vorgelegt. Die Arbeiten an diesem Vorschlag sollen im ersten Teil des Jahres 2016 abgeschlossen werden, sodass ggf. daraus resultierende Änderungen bei den Verhandlungen zum multilateralen Instrument, mit dem die Ergebnisse der Arbeiten zu Abkommensfragen im Rahmen des BEPS-Aktionsplans umgesetzt werden sollen, berücksichtigt werden können.

Artikel 23 A Absatz 1 wird durch folgenden Wortlaut ersetzt:

1. Bezieht eine in einem Vertragsstaat ansässige Person Einkünfte oder hat sie Vermögen und können diese Einkünfte oder dieses Vermögen nach diesem Abkommen im anderen Vertragsstaat besteuert werden ***(es sei denn, der andere Staat darf die Einkünfte nur besteuern, weil es sich auch um von einer in seinem Gebiet ansässigen Person bezogene Einkünfte handelt)***, so befreit der erstgenannte Staat vorbehaltlich der Absätze 2 und 3 diese Einkünfte beziehungsweise dieses Vermögen von der Steuer.

Artikel 23 B Absatz 1 wird durch folgenden Wortlaut ersetzt:

1. Bezieht eine in einem Vertragsstaat ansässige Person Einkünfte oder hat sie Vermögen und können diese Einkünfte oder dieses Vermögen nach diesem Abkommen im anderen Vertragsstaat besteuert werden ***(es sei denn, der andere Staat darf die Einkünfte nur besteuern, weil es sich auch um von einer in seinem Gebiet ansässigen Person bezogene Einkünfte handelt),*** so rechnet der erstgenannte Staat

a) auf die vom Einkommen dieser Person zu erhebende Steuer den Betrag an, welcher der im anderen Staat gezahlten Steuer vom Einkommen entspricht;

b) auf die vom Vermögen dieser Person zu erhebende Steuer den Betrag an, welcher der im anderen Vertragsstaat gezahlten Steuer vom Vermögen entspricht.

Der anzurechnende Betrag darf jedoch in beiden Fällen den Teil der vor der Anrechnung ermittelten Steuer vom Einkommen beziehungsweise vom Vermögen nicht übersteigen, der auf die Einkünfte, die im anderen Staat besteuert werden können, beziehungsweise das Vermögen, das im anderen Staat besteuert werden kann, entfällt.

Der Kommentar zu den Artikeln 23 A und 23 B wird durch folgende Ziffer 11.1 ergänzt (wodurch ggf. weitere Änderungen im Kommentar erforderlich werden):

11.1 ***In einigen Fällen können dieselben Einkünfte oder Vermögenswerte von jedem Vertragsstaat als Einkünfte oder Vermögenswerte einer in seinem Gebiet ansässigen Person besteuert werden. Dies kann z.B. dann der Fall sein, wenn einer der Vertragsstaaten die weltweiten Einkünfte eines in diesem Staat ansässigen Rechtsträgers besteuert, während der andere Staat den Rechtsträger als steuerlich transparent behandelt und daher die in seinem Gebiet ansässigen Mitglieder des Rechtsträgers mit ihrem jeweiligen Anteil der Einkünfte besteuert. Mit der Formulierung „(es sei denn, der andere Staat darf die Einkünfte nur besteuern, weil es sich auch um von einer in seinem Gebiet ansässigen Person bezogene Einkünfte handelt)" wird klargestellt, dass in diesen Fällen beide Staaten nicht wechselseitig verpflichtet sind, für die ausschließlich aufgrund der Ansässigkeit des Steuerpflichtigen jeweils erhobene Steuer Entlastung zu gewähren, und dass daher jeder Staat nur insoweit Entlastung von der Doppelbesteuerung zu gewähren hat, als die Besteuerung durch den anderen Staat im Einklang mit den Abkommensbestimmungen steht, nach denen dieser die betreffenden Einkünfte als Quellenstaat oder Staat mit einer Betriebsstätte, der die Einkünfte zuzurechnen sind, besteuern darf, womit eine Besteuerung, die lediglich gemäß Artikel 1 Absatz 3 erfolgt, ausgeschlossen wird. Wenngleich dieses Ergebnis auch ohne diese Formulierung die logische Konsequenz aus der Formulierung der Artikel 23 A und 23 B ist, werden durch die Ergänzung jegliche Zweifel beseitigt.***

b) Wegzugsteuern

65. In einer Reihe von Staaten entsteht eine Steuerschuld in Bezug auf bestimmte Arten von Einkünften, die zugunsten einer in einem Staat ansässigen (natürlichen oder juristischen) Person entstanden sind, sobald diese ihren Status als in diesem Staat ansässige Person verliert. Die in diesen Fällen erhobenen Steuern werden in der Regel als „Wegzugsteuern" bezeichnet und finden z.B. bei aufgelaufenen Ruhegehaltsansprüchen und Veräußerungsgewinnen Anwendung.

66. Sofern die entsprechende Steuerschuld entsteht, während die Person noch in dem Erhebungsstaat ansässig ist, und sich nicht auf nach Beendigung der Ansässigkeit angefallene Einkünfte erstreckt, steht der Erhebung dieser Steuer nach dem Abkommen und insbesondere den Artikeln 13 und 18 nichts entgegen. Doppelbesteuerungsabkommen stehen somit nicht der Anwendung innerstaatlicher Steuervorschriften entgegen, nach denen eine Person unmittelbar vor Beendigung ihrer Ansässigkeit Ruhegehalt erzielt oder für Zwecke der Steuer auf Veräußerungsgewinne Vermögen veräußert. In Doppelbesteuerungsabkommen wird nicht geregelt, wann Einkünfte für innerstaatliche Besteuerungszwecke erzielt werden (siehe z.B. Ziffern 3 und 7 bis 9 des Kommentars zu Artikel 13); da die Abkommensbestimmungen unabhängig davon gelten, wann eine Steuer tatsächlich entrichtet wird (siehe z.B. Ziffer 12.1 des Kommentars zu Artikel 15), ist es darüber hinaus auch unerheblich, wann diese Steuern fällig werden. Die Erhebung dieser Steuern kann jedoch zu einer Doppelbesteuerung führen, wenn die betreffende Person in einem anderen Staat ansässig wird, der dieselben Einkünfte zu einem anderen Zeitpunkt zu besteuern versucht, z.B. wenn das Ruhegehalt tatsächlich eingeht oder das Vermögen an Dritte verkauft wird. Dieses Problem, das sich aus der Ansässigkeit einer Person in zwei Staaten zu unterschiedlichen Zeiten und der

Steuererhebung durch diese Staaten beim Eintritt verschiedener Ereignisse ergibt, wird in den Ziffern 4.1 bis 4.3 des Kommentars zu den Artikeln 23A und 23B erörtert. In Ziffer 4.3 dieses Kommentars, die ein ähnliches Beispiel behandelt, bei dem Leistungen aus Arbeitnehmer-Aktienoptionen von beiden Ansässigkeitsstaaten zu einem unterschiedlichen Zeitpunkt besteuert werden, wird hierzu Folgendes festgestellt:

> In diesem Fall könnte das Verständigungsverfahren genutzt werden. Ein möglicher Lösungsansatz wäre eine Vereinbarung zwischen den zuständigen Behörden der beiden Staaten, dass jeder Staat für die ansässigkeitsbezogene Steuer, die vom anderen Staat auf den Teil der Leistung erhoben wurde, der sich auf während der Ansässigkeit des Arbeitnehmers in diesem anderen Staat erbrachte Dienste bezieht, Entlastung gewähren sollte.

67. Ausgehend von diesem Ansatz könnte eine mögliche Lösung für Doppelbesteuerungstatbestände infolge der Erhebung von Wegzugsteuern darin bestehen, dass die zuständigen Behörden der beiden betroffenen Staaten über das Verständigungsverfahren vereinbaren, dass jeder Staat für die ansässigkeitsbezogene Steuer, die der andere Staat auf den Teil der Einkünfte erhebt, der während der Ansässigkeit der Person in diesem anderen Staat entstanden ist, Entlastung gewährt. Dies würde bedeuten, dass der neue Ansässigkeitsstaat für die Wegzugsteuer, die der bisherige Ansässigkeitsstaat auf die während der Ansässigkeit der Person in diesem anderen Staat entstandenen Einkünfte erhoben hat, Entlastung gewährt, sofern der neue Ansässigkeitsstaat zum Zeitpunkt der Besteuerung der Einkünfte kein Recht zur Quellenbesteuerung (aufgrund Artikel 13 Absatz 2 oder 4) hatte. Staaten, die dieses Ergebnis in ihren Doppelbesteuerungsabkommen ausdrücklich vorsehen wollen, können jederzeit entsprechende Bestimmungen aufnehmen.

B. Klarstellung, dass Doppelbesteuerungsabkommen nicht zur Herbeiführung einer doppelten Nichtbesteuerung genutzt werden dürfen

68. Der zweite Teil des Arbeitsauftrags aus Aktionspunkt 6 lautete „klarzustellen, dass Doppelbesteuerungsabkommen nicht zur Herbeiführung einer doppelten Nichtbesteuerung genutzt werden dürfen".

69. Die bestehenden Bestimmungen in Doppelbesteuerungsabkommen wurden mit dem Hauptziel der Vermeidung einer Doppelbesteuerung entwickelt. Das spiegelte sich sowohl in dem im Entwurf des Doppelbesteuerungsabkommens auf dem Gebiete der Steuern vom Einkommen und vom Vermögen von 1963 als auch im Muster-Doppelbesteuerungsabkommen auf dem Gebiete der Steuern vom Einkommen und vom Vermögen von 1977 vorgeschlagenen Titel wider, der folgendermaßen lautete:

> Abkommen zwischen (Staat A) und (Staat B) zur Vermeidung der Doppelbesteuerung auf dem Gebiete der Steuern vom Einkommen und vom Vermögen

70. Im Jahr 1977 wurde der Kommentar zu Artikel 1 jedoch geändert und sah nun ausdrücklich vor, dass Doppelbesteuerungsabkommen nicht die Steuerumgehung oder -hinterziehung erleichtern sollen. Der einschlägige Passus in Ziffer 7 des Kommentars lautet folgendermaßen:

> Doppelbesteuerungsabkommen sollen durch Vermeidung der internationalen Doppelbesteuerung den Austausch von Gütern und Dienstleistungen sowie den Kapital- und Personenverkehr fördern; sie sollen aber nicht die Steuerumgehung oder -hinterziehung erleichtern.

71. Diese Ziffer wurde 2003 geändert, um klarzustellen, dass Doppelbesteuerungsabkommen auch die Steuerumgehung verhindern sollen. Ziffer 7 lautet nun folgendermaßen:

> Doppelbesteuerungsabkommen sollen durch Beseitigung der internationalen Doppelbesteuerung hauptsächlich den Austausch von Gütern und Dienstleistungen sowie den Kapital- und Personenverkehr fördern. Darüber hinaus sollen sie die Steuerumgehung und -hinterziehung verhindern.

72. Im Sinne der in Aktionspunkt 6 geforderten Klarstellung wurde beschlossen, in dem durch das OECD-Musterabkommen empfohlenen Titel eindeutig zum Ausdruck zu bringen, dass Doppelbesteuerungsabkommen auch die Steuerhinterziehung und -umgehung verhindern sollen. Es wurde auch beschlossen, dass das OECD-Musterabkommen eine Präambel empfehlen sollte, die ausdrücklich vorsieht, dass Staaten durch den Abschluss eines Doppelbesteuerungsabkommens eine Doppelbesteuerung beseitigen wollen, ohne dadurch Möglichkeiten zur Steuerhinterziehung oder -umgehung zu schaffen. Aufgrund der besonderen Risiken im Zusammenhang mit Gestaltungen zum Treaty-Shopping wurde darüber hinaus beschlossen, diese Gestaltungen ausdrücklich als ein Beispiel der Steuerumgehung zu nennen, wie sie sich nicht aus Doppelbesteuerungsabkommen ergeben sollte. Infolge der Arbeiten zu diesem Aspekt von Aktionspunkt 6 werden folgende Änderungen am OECD-Musterabkommen vorgenommen:

Der Titel des Abkommens (einschließlich der Fußnote) wird durch folgenden Wortlaut ersetzt:

Abkommen zwischen (Staat A) und (Staat B) zur Beseitigung der Doppelbesteuerung auf dem Gebiet der Steuern vom Einkommen und vom Vermögen sowie zur Verhinderung der Steuerhinterziehung und -umgehung ~~Abkommen zwischen (Staat A) und (Staat B) auf dem Gebiet der Steuern vom Einkommen und vom Vermögen[1]~~

~~1. Staaten, die dies wünschen, können der weitverbreiteten Praxis folgen, im Titel entweder auf die Vermeidung der Doppelbesteuerung oder aber sowohl auf die Vermeidung der Doppelbesteuerung als auch auf die Verhinderung der Steuerverkürzung hinzuweisen.~~

Die Überschrift „Präambel" (einschließlich der Fußnote) wird durch folgenden Wortlaut ersetzt:

~~**PRÄAMBEL**[1]~~

~~***1. Die Präambel des Abkommens richtet sich nach den verfassungsrechtlichen Vorschriften der beiden Vertragsstaaten.***~~

PRÄAMBEL

(Staat A) und (Staat B) –

von dem Wunsch geleitet, ihre wirtschaftlichen Beziehungen weiterzuentwickeln und ihre Zusammenarbeit in Steuersachen zu vertiefen,

in der Absicht, ein Abkommen zur Beseitigung der Doppelbesteuerung auf dem Gebiet der Steuern vom Einkommen und vom Vermögen zu schließen, ohne Möglichkeiten zur Nicht- oder Niedrigbesteuerung durch Steuerhinterziehung oder -umgehung (unter anderem durch missbräuchliche Gestaltungen mit dem Ziel des Erhalts von in diesem Abkommen vorgesehenen Erleichterungen zum mittelbaren Nutzen von in Drittstaaten ansässigen Personen) zu schaffen –

sind wie folgt übereingekommen:

73. Die eindeutige Absichtsbekundung der Unterzeichner eines Doppelbesteuerungsabkommens in der Präambel ist für die Auslegung und Anwendung der Bestimmungen des betreffenden Abkommens maßgeblich. Nach der allgemeinen Auslegungsregel für Verträge in Artikel 31 Absatz 1 des *Wiener Übereinkommens über das Recht der Verträge* (WÜRV) ist „ein Vertrag [...] nach Treu und Glauben in Übereinstimmung mit der gewöhnlichen, seinen Bestimmungen **in ihrem Zusammenhang** zukommenden Bedeutung und im Lichte **seines Zieles und Zweckes** auszulegen" [Hervorhebung durch den Verfasser]. In Artikel 31 Absatz 2[18] WÜRV wird bestätigt, dass im Sinne dieser allgemeinen Auslegungsregel der Zusammenhang des Vertrages die Präambel umfasst[19].

74. Die o.a. Änderungen am Titel und an der Präambel werden durch folgende Änderungen an der Einleitung des OECD-Musterabkommens ergänzt:

Die Ziffern 2 und 3 der Einleitung werden durch folgenden Wortlaut ersetzt:

2. Es ist unter den Mitgliedstaaten der Organisation für wirtschaftliche Zusammenarbeit und Entwicklung seit langem anerkannt, dass es erstrebenswert ist, die steuerliche Lage der Steuerpflichtigen, die in anderen Mitgliedstaaten kaufmännisch, gewerblich oder finanziell oder in anderer Weise tätig sind, zu klären, zu vereinheitlichen und zu sichern, indem alle Mitgliedstaaten gleiche Fälle der Doppelbesteuerung in derselben Weise regeln. ***Diese Staaten haben ebenfalls seit langem erkannt, dass zur Verhinderung von Steuerhinterziehung und -umgehung die Verwaltungszusammenarbeit in Steuersachen, insbesondere durch Informationsaustausch und Amtshilfe bei der Steuererhebung, verbessert werden muss.***

3. **Dies sind** die ~~Dies ist der~~ Hauptzweck**e** des OECD-Musterabkommens auf dem Gebiet der Steuern vom Einkommen und vom Vermögen, das ein Instrument ist, die dringendsten, auf dem Gebiet der internationalen juristischen Doppelbesteuerung auftauchenden gemeinsamen Probleme auf einheitlicher Grundlage zu lösen. Nach der Empfehlung des Rates der OECD[1] sollten die Mitgliedstaaten, wenn sie neue zweiseitige Abkommen abschließen oder die zwischen ihnen bestehenden Abkommen revidieren, dem Musterabkommen folgen und dabei die im Kommentar dazu gegebene Auslegung und die in ihnen enthaltenen Vorbehalte und Einschränkungen berücksichtigen und ihre Steuerbehörden sollten bei der Anwendung und Auslegung ihrer zweiseitigen Doppelbesteuerungsabkommen, die sich auf das Musterabkommen stützen, den betreffenden Kommentaren in ihrer jeweiligen Fassung und vorbehaltlich ihrer diesbezüglichen Anmerkungen folgen.

[Fußnote zu Ziffer 3] 1. Siehe Anlage.

Ziffer 16 der Einleitung wird durch folgenden Wortlaut ersetzt:

16. Die Titel des Musterabkommens von 1963 und des Musterabkommens von 1977 nahmen auf die Beseitigung der Doppelbesteuerung Bezug. ***Im Jahr 1992*** wurde entschieden, einen kürzeren Titel ohne diese Bezugnahme zu benutzen und so die Tatsache anzuerkennen, dass das Musterabkommen sich nicht ausschließlich mit der Beseitigung der Doppelbesteuerung befasst, sondern auch andere Fragen wie die Verhinderung der Steuerhinterziehung und ***-umgehung sowie*** die Gleichbehandlung behandelt. Geändert wurden sowohl der Titel der vorliegenden Veröffentlichung als auch das Musterabkommen selbst. Dabei ~~wird~~ ***wurde*** davon ausgegangen, dass die Abkommenspraxis vieler Mitgliedsländer weiterhin im Titel entweder auf die Vermeidung der Doppelbesteuerung oder aber sowohl auf die Vermeidung der Doppelbesteuerung als auch die Verhinderung der Steuerhinterziehung Bezug ~~nimmt~~ ***nahm, da bei beiden Vorgehensweisen diese wichtigen Zwecke des Abkommens hervorgehoben wurden.***

16.1 Infolge der Arbeiten im Rahmen des OECD-Aktionsplans zur Bekämpfung der Gewinnverkürzung und Gewinnverlagerung beschloss der Ausschuss [Jahr], den Titel des Abkommens zu ändern und eine Präambel aufzunehmen. Mit diesen Änderungen wird ausdrücklich anerkannt, dass der Zweck des Abkommens sich nicht auf die Beseitigung der Doppelbesteuerung beschränkt und die Vertragsstaaten mit den Bestimmungen des Abkommens keine Möglichkeiten zur Nicht- oder Niedrigbesteuerung durch Steuerhinterziehung und -umgehung schaffen wollen. Angesichts der besonderen Risiken der Gewinnverkürzung und Gewinnverlagerung durch Treaty-Shopping-Gestaltungen wurde ferner beschlossen, diese Gestaltungen ausdrücklich als ein Beispiel der Steuerumgehung zu nennen, wie sie sich nicht aus Doppelbesteuerungsabkommen ergeben sollten, wobei es sich hierbei nur um ein Beispiel der Steuerumgehung handelt, die die Vertragsstaaten verhindern wollen.

16.2 Da der Titel und die Präambel zum Zusammenhang des Abkommens[1] gehören und eine allgemeine Erklärung des Ziels und Zwecks des Abkommens darstellen, sollten sie bei der Auslegung des Abkommens eine wichtige Rolle spielen. Nach der allgemeinen Auslegungsregel für Verträge in Artikel 31 Absatz 1 des Wiener Übereinkommens über das Recht der Verträge ist „ein Vertrag [...] nach Treu und Glauben in Übereinstimmung mit der gewöhnlichen, seinen Bestimmungen in ihrem Zusammenhang zukommenden Bedeutung und im Lichte seines Zieles und Zweckes auszulegen“.

[Fußnote zu Ziffer 16.2:] 1. Siehe Art. 31 Abs. 2 WÜRV.

C. Steuerpolitische Überlegungen, die Staaten vor Abschluss eines Doppelbesteuerungsabkommens mit einem anderen Staat grundsätzlich anstellen sollten

75. Der dritte Teil des Arbeitsauftrags aus Aktionspunkt 6 lautete: „Ermittlung der steuerpolitischen Überlegungen, die Staaten grundsätzlich anstellen sollten, bevor sie sich für den Abschluss eines Doppelbesteuerungsabkommens mit einem anderen Staat entscheiden".

76. Es wurde vereinbart, dass es durch eine deutlichere Formulierung der politischen Überlegungen, die Staaten vor Abschluss eines Doppelbesteuerungsabkommens grundsätzlich anstellen sollten, für Staaten einfacher sein dürfte, ihre Entscheidung gegen den Abschluss eines Abkommens mit bestimmten Niedrig- oder Nullsteuerländern zu rechtfertigen. Es wurde jedoch auch anerkannt, dass es darüber hinaus viele nicht steuerliche Faktoren gibt, die zum Abschluss eines Doppelbesteuerungsabkommens führen können, und jedes Land das Hoheitsrecht besitzt, selbst zu entscheiden, mit welchem Staat es ein Doppelbesteuerungsabkommen schließt.

77. Im Laufe der Arbeiten zu diesem Aspekt von Aktionspunkt 6 wurde beschlossen, dass die Ergebnisse dieser Arbeiten der Tatsache Rechnung tragen sollten, dass viele der für den Abschluss eines Doppelbesteuerungsabkommens maßgeblichen steuerpolitischen Überlegungen auch für die Frage maßgeblich sind, ob ein bereits geschlossenes Abkommen geändert (oder sogar gekündigt) werden sollte, falls aufgrund geänderter Umstände (z.B. geänderter innerstaatlicher Rechtsvorschriften eines Abkommenspartners) im Zusammenhang mit dem betreffenden Abkommen Risiken der Gewinnverkürzung oder -verlagerung drohen.

78. Infolge der Arbeiten zu diesem Aspekt von Aktionspunkt 6 werden folgende Änderungen an der Einleitung des OECD-Musterabkommens vorgenommen:

Nach Ziffer 15 der Einleitung des OECD-Musterabkommens werden unmittelbar eine neue Überschrift und folgende Ziffern eingefügt (der bestehende Abschnitt C der Einleitung würde damit zu Abschnitt D):

C. Steuerpolitische Überlegungen, die für die Entscheidung über den Abschluss eines Doppelbesteuerungsabkommens oder die Änderung eines bestehenden Abkommens maßgeblich sind

15.1 Nach einer 1997 vom OECD-Rat verabschiedeten Empfehlung sollen sich die Regierungen der Mitgliedstaaten weiterhin um den Abschluss zweiseitiger Doppelbesteuerungsabkommen mit den Mitgliedstaaten und ggf. auch Nichtmitgliedstaaten bemühen, mit denen sie bislang keine Doppelbesteuerungsabkommen geschlossen haben. Wenngleich jeder Staat anhand verschiedener Faktoren, die sowohl steuerliche als auch nicht steuerliche Überlegungen beinhalten, selbst über den Abschluss eines Doppelbesteuerungsabkommens mit einem anderen Staat entscheiden kann, werden bei dieser Entscheidung steuerpolitische Überlegungen in der Regel im Vordergrund stehen. In den folgenden Ziffern werden einige dieser steuerpolitischen Überlegungen dargestellt, die nicht nur für die Entscheidung über den Abschluss eines Abkommens mit einem bestimmten Staat maßgeblich sind, sondern auch für die Entscheidung über

eine Änderung bzw. Neugestaltung eines bestehenden Abkommens oder im äußersten Falle sogar eine Kündigung (unter Berücksichtigung der Tatsache, dass die Kündigung eines Abkommens sich oftmals auf viele Steuerpflichtige negativ auswirkt, die mit den zur Kündigung führenden Umständen nicht in Verbindung stehen).

15.2 *Da Doppelbesteuerungsabkommen vornehmlich der Vermeidung einer Doppelbesteuerung dienen sollen, um steuerliche Hindernisse für grenzüberschreitende Dienstleistungen, Handelstätigkeiten und Investitionen abzubauen, drehen sich die steuerpolitischen Überlegungen in erster Linie um die möglichen Risiken einer Doppelbesteuerung aufgrund des Zusammenspiels der Steuersysteme der beiden beteiligten Staaten. In der Regel gilt: Je größer der Umfang der bestehenden oder voraussichtlichen grenzüberschreitenden Handels- und Investitionstätigkeit zwischen zwei Staaten, desto höher die Risiken einer Doppelbesteuerung. Bei den meisten Doppelbesteuerungsabkommen wird versucht, die Doppelbesteuerung durch eine Aufteilung der Besteuerungsrechte auf beide Staaten zu mindern, wobei davon ausgegangen wird, dass ein Staat, der Abkommensbestimmungen akzeptiert, die sein Recht auf Besteuerung bestimmter Einkünfte beschränken, dies in der Regel unter der Voraussetzung tut, dass die entsprechenden Einkünfte im anderen Staat zu versteuern sind. Erhebt ein Staat keine oder niedrige Einkommensteuern, sollten die anderen Staaten überlegen, ob Risiken der Doppelbesteuerung bestehen, die für sich genommen ein Doppelbesteuerungsabkommen rechtfertigen. Auch sollten Staaten überlegen, ob es im Steuersystem eines anderen Staates Elemente gibt, wie z.B. von der inländischen Wirtschaft abgeschottete Steuervergünstigungen, die das Risiko der Nichtbesteuerung erhöhen könnten.*

15.3 *Daher sollten zwei Staaten, die den Abschluss eines Doppelbesteuerungsabkommens in Erwägung ziehen, zunächst abschätzen, inwieweit für ihre Steuerinländer bei Auslandssachverhalten tatsächlich ein Risiko der Doppelbesteuerung besteht. Ein Großteil der Fälle einer juristischen Doppelbesteuerung im Ansässigkeits- und Quellenstaat kann durch innerstaatliche Bestimmungen zur Beseitigung der Doppelbesteuerung (üblicherweise durch die Befreiungs- oder Anrechnungsmethode) vermieden werden, für die es keiner Doppelbesteuerungsabkommen bedarf. Mit diesen innerstaatlichen Bestimmungen können zwar die meisten Formen einer juristischen Doppelbesteuerung im Ansässigkeits- und Quellenstaat beseitigt werden, sie decken jedoch nicht alle Doppelbesteuerungsfälle ab, insbesondere wenn sich die Quellenregeln beider Staaten beträchtlich unterscheiden oder das innerstaatliche Recht der betreffenden Staaten keine einseitige Beseitigung einer wirtschaftlichen Doppelbesteuerung vorsieht (z.B. bei einer im anderen Staat vorgenommenen Verrechnungspreiskorrektur).*

15.4 *Eine weitere steuerpolitische Überlegung im Zusammenhang mit dem Abschluss eines Doppelbesteuerungsabkommens betrifft das Risiko einer übermäßigen Besteuerung, die sich aus hohen Abzugsteuern im Quellenstaat ergeben kann. Wenngleich die Mechanismen zur Beseitigung einer Doppelbesteuerung normalerweise sicherstellen, dass hohe Abzugsteuern nicht zu einer Doppelbesteuerung führen, können sie sich insoweit negativ auf die grenzüberschreitende Handels- und Investitionstätigkeit auswirken, als die im Quellenstaat erhobenen Abzugsteuern die normalerweise im Ansässigkeitsstaat auf Gewinne erhobene Steuer übersteigen.*

15.5 *Weitere steuerpolitische Überlegungen, die mit Blick auf den möglichen Abschluss eines Doppelbesteuerungsabkommens zu berücksichtigen sind, beziehen sich u.a. auf die verschiedenen Abkommenselemente zur Förderung der wirtschaftlichen Beziehungen zwischen den Ländern, z.B. Schutz vor einer diskriminierenden steuerlichen Behandlung ausländischer Investitionen durch die Gleichbehandlungsbestimmungen des*

Artikels 24, erhöhte Sicherheit bei der steuerlichen Behandlung für die zu Abkommensvergünstigungen berechtigten Steuerpflichtigen sowie die Möglichkeit der Vertragsstaaten – über das Verständigungsverfahren – ein Schiedsverfahren zu beantragen und einen Mechanismus zur Beilegung grenzüberschreitender Steuerstreitigkeiten nutzen zu können.

15.6 ***Da ein wichtiges Ziel von Doppelbesteuerungsabkommen die Vermeidung der Steuerumgehung und -hinterziehung ist, sollten Staaten auch überlegen, ob ihre potenziellen Abkommenspartner bereit und in der Lage sind, die Abkommensbestimmungen betreffend Amtshilfe, wie z.B. zum steuerlichen Informationsaustausch, wirksam umzusetzen; dies sollte bei der Entscheidung über den Abschluss eines Doppelbesteuerungsabkommens eine wichtige Rolle spielen. Ein weiterer wesentlicher Faktor ist die Fähigkeit und Bereitschaft eines Staates zur Amtshilfe bei der Erhebung der Steuern. Es ist jedoch darauf hinzuweisen, dass, solange kein tatsächliches Risiko einer Doppelbesteuerung besteht, diese Amtshilfebestimmungen für sich genommen keinen ausreichenden steuerpolitischen Grund für ein Doppelbesteuerungsabkommen darstellen, da die Amtshilfe auch anderweitig durch gezielte Vereinbarungen wie ein Steuerinformationsabkommen oder die Teilnahme an dem mehrseitigen Übereinkommen über die gegenseitige Amtshilfe in Steuersachen sichergestellt werden kann[1].***

[Fußnote zu Ziffer 15.6:] Siehe *www.oecd.org/ctp/exchange-of-tax-information/ENG-Amended-Convention.pdf*

79. Wie bereits erwähnt, sind viele der für den Abschluss eines Doppelbesteuerungsabkommens maßgeblichen steuerpolitischen Überlegungen auch für die Frage maßgeblich, ob ein bereits geschlossenes Abkommen geändert (oder sogar gekündigt) werden sollte. Auch können bestimmte nach Abschluss eines Doppelbesteuerungsabkommens vorgenommene Änderungen am innerstaatlichen Recht eines Abkommenspartners im Zusammenhang mit dem betreffenden Abkommen zu Risiken der Gewinnverkürzung oder -verlagerung führen. Außerdem kann ein Staat bereits bei den Verhandlungen zu einem Doppelbesteuerungsabkommen Bedenken haben, dass bestimmte Merkmale des innerstaatlichen Rechts des Staates, mit dem er verhandelt, möglicherweise Risiken der Gewinnverkürzung oder -verlagerung in sich bergen, selbst wenn diese Bedenken nicht ausreichen, um den Verzicht auf ein Doppelbesteuerungsabkommen mit dem betreffenden Staat zu rechtfertigen.

80. Hat ein Staat aufgrund bestimmter Merkmale des innerstaatlichen Rechts eines potenziellen Abkommenspartners oder in Bezug auf mögliche Änderungen nach Abschluss eines Doppelbesteuerungsabkommens solche Bedenken hinsichtlich einer möglichen Gewinnverkürzung oder -verlagerung, möchte er sein Steuersubstrat möglicherweise vor diesen Risiken schützen. Daher kann er es für sinnvoll erachten, in seine Abkommen Bestimmungen aufzunehmen, welche die Abkommensvergünstigungen in Bezug auf Steuerpflichtige, die von bestimmten steuerlichen Vorzugsregelungen profitieren, oder in Bezug auf bestimmte gravierende Änderungen, die nach Abschluss eines Abkommens möglicherweise am innerstaatlichen Recht eines Staates vorgenommen werden, einschränken.

81. Dieses Ziel soll mit den folgenden beiden Vorschlägen erreicht werden. Diese Vorschläge wurden zuerst im Mai 2015 mit der Bitte um Stellungnahme vorgelegt. Ungefähr zur selben Zeit gaben die Vereinigten Staaten eine Neufassung ähnlicher Vorschläge[20] mit der Bitte um öffentliche Stellungnahme bis zum 15. September 2015 bekannt. Bei der Erörterung dieser neu gefassten Vorschläge der Vereinigten Staaten wurde vereinbart, sich erneut mit ihnen zu befassen, sobald die Vereinigten Staaten unter Berücksichtigung der eingegangenen Stellungnahmen eine Endfassung erstellt haben. Aus diesem Grund müssen die nachstehend

aufgeführten Vorschläge erneut geprüft und im ersten Teil des Jahres 2016 ggf. finalisiert werden, sodass die zu diesen Vorschlägen getroffenen Beschlüsse bei den Verhandlungen zu dem multilateralen Instrument, mit dem die Ergebnisse der Arbeiten zu Abkommensfragen im Rahmen des BEPS-Aktionsplans umgesetzt werden sollen, berücksichtigt werden können. Daher sind die folgenden Vorschläge als Entwürfe zu verstehen, die noch weiter erörtert werden müssen:

[Vorschlag 1 – Neue Abkommensbestimmungen zu „steuerlichen Sonderregelungen"

In Artikel 3 (Allgemeine Begriffsbestimmungen) soll eine Definition des Begriffs „steuerliche Sonderregelung" aufgenommen werden

X) ... bedeutet der Ausdruck „steuerliche Sonderregelung" in Bezug auf Einkünfte oder Gewinne sämtliche Rechtsvorschriften oder Verwaltungspraktiken, mit denen für diese Einkünfte oder Gewinne unter anderem über eine Verringerung des Steuersatzes oder der Bemessungsgrundlage eine effektive Vorzugsbesteuerung gewährt wird. In Bezug auf Finanzerträge umfasst der Ausdruck „steuerliche Sonderregelung" auch einen fiktiven Zinsabzug, der ohne Berücksichtigung der mit den Zinsen verbundenen Verbindlichkeiten erfolgen kann. Der Ausdruck umfasst jedoch nicht Rechtsvorschriften oder Verwaltungspraktiken,

i) durch deren Anwendung Zinsen, Lizenzgebühren oder sonstige Einkünfte oder Kombinationen davon nicht unverhältnismäßig begünstigt werden;

ii) nach denen – außer bei Finanzerträgen – das Kriterium der wesentlichen Geschäftstätigkeit erfüllt sein muss;

iii) die eine Doppelbesteuerung verhindern sollen;

iv) mit denen die Grundsätze des Artikels 7 (Unternehmensgewinne) oder des Artikels 9 (Verbundene Unternehmen) umgesetzt werden;

v) die für Personen gelten, die ausschließlich religiöse, gemeinnützige, wissenschaftliche, künstlerische, kulturelle oder erzieherische Tätigkeiten fördern;

vi) die für Personen gelten, deren Tätigkeit im Wesentlichen vollständig in der Bereitstellung oder Verwaltung von Ruhegehalts- oder Altersversorgungsleistungen besteht;

vii) die Anlagen in im Streubesitz befindliche Rechtsträger fördern, welche Immobilien (unbewegliches Vermögen), ein diversifiziertes Wertpapierportfolio oder eine Kombination davon besitzen und in dem Vertragsstaat, in dem der Rechtsträger niedergelassen ist, den Vorschriften zum Anlegerschutz unterliegen, oder

viii) die nach Vereinbarung der Vertragsstaaten keine steuerliche Sonderregelung darstellen, da sie nicht zu einer effektiven Niedrigbesteuerung führen;

Protokollbestimmungen

Zu Artikel 3 (Allgemeine Begriffsbestimmungen) Absatz 1 Buchstabe X Ziffer:

Der Ausdruck „steuerliche Sonderregelung" umfasst

a) im Fall von _______

i) [Auflistung der einschlägigen spezifischen Rechtsvorschriften und/oder Verwaltungspraktiken im Vertragsstaat];

b) im Fall von ________

i) [Auflistung der einschlägigen spezifischen Rechtsvorschriften und/ oder Verwaltungspraktiken im Vertragsstaat];

Zu Artikel 3 (Allgemeine Begriffsbestimmungen) Absatz 1 Buchstabe X Ziffer *viii)*:

Der Ausdruck „steuerliche Sonderregelung" umfasst nicht

a) im Fall von ________

i) [Auflistung der einschlägigen spezifischen Rechtsvorschriften und/ oder Verwaltungspraktiken im Vertragsstaat];

b) im Fall von ________

i) [Auflistung der einschlägigen spezifischen Rechtsvorschriften und/ oder Verwaltungspraktiken im Vertragsstaat].

Neue Bestimmungen für die Artikel 11, 12 und 21

Neue Bestimmung für Artikel 11 (Zinsen)

Zinsen, die aus einem Vertragsstaat stammen und deren Nutzungsberechtigter eine im anderen Vertragsstaat ansässige Person ist, können im erstgenannten Vertragsstaat nach innerstaatlichem Recht besteuert werden, wenn diese Person während des Veranlagungszeitraums, in dem die Zinsen gezahlt werden, in ihrem Ansässigkeitsstaat in Bezug auf Zinsen einer steuerlichen Sonderregelung unterliegt.

Neue Bestimmung für Artikel 12 (Lizenzgebühren)

Lizenzgebühren, die aus einem Vertragsstaat stammen und deren Nutzungsberechtigter eine im anderen Vertragsstaat ansässige Person ist, können im erstgenannten Vertragsstaat nach innerstaatlichem Recht besteuert werden, wenn diese Person während des Veranlagungszeitraums, in dem die Lizenzgebühren gezahlt werden, in ihrem Ansässigkeitsstaat in Bezug auf Lizenzgebühren einer steuerlichen Sonderregelung unterliegt.

Neue Bestimmung für Artikel 21 (Andere Einkünfte)

Andere Einkünfte, die aus einem Vertragsstaat stammen und deren Nutzungsberechtigter eine im anderen Vertragsstaat ansässige Person ist, können im erstgenannten Vertragsstaat nach dem innerstaatlichen Recht besteuert werden, wenn diese Person während des Veranlagungszeitraums, in dem die anderen Einkünfte gezahlt werden, in ihrem Ansässigkeitsstaat in Bezug auf andere Einkünfte einer steuerlichen Sonderregelung unterliegt.

[Vorschlag 2 – Neue allgemeine Abkommensbestimmung, mit der Doppelbesteuerungsabkommen leichter an bestimmte künftige Änderungen im innerstaatlichen Steuerrecht eines Landes angepasst werden können

1. Befreit einer der beiden Vertragsstaaten nach Unterzeichnung dieses Abkommens die in seinem Gebiet ansässigen Gesellschaften in Bezug auf im Wesentlichen alle Einkünfte aus ausländischen Quellen (einschließlich Zinsen und Lizenzgebühren) von der Steuer, so gelten die Artikel 10 (Dividenden), 11 (Zinsen), 12 (Lizenzgebühren) und 21 (Andere Einkünfte) für Zahlungen an in einem der beiden Vertragsstaaten ansässige Gesellschaften gegebenenfalls nach Absatz 3 nicht mehr.

2. Befreit einer der beiden Vertragsstaaten nach Unterzeichnung dieses Abkommens die in seinem Gebiet ansässigen natürlichen Personen in Bezug auf im Wesentlichen alle Einkünfte aus ausländischen Quellen (einschließlich Zinsen und Lizenzgebühren) von der Steuer, so gelten die Artikel 10, 11, 12 und 21 für Zahlungen an in einem der beiden Vertragsstaaten ansässige natürliche Personen gegebenenfalls nach Absatz 3 nicht mehr.

3. Ist Absatz 1 oder 2 erfüllt, kann ein Vertragsstaat dem anderen Vertragsstaat auf diplomatischem Weg notifizieren, dass er Artikel 10, 11, 12 und 21 nicht weiter anwendet. In diesem Fall gelten sechs Monate nach der schriftlichen Notifikation die betreffenden Artikel in beiden Vertragsstaaten nicht mehr für Zahlungen an in ihrem Gebiet ansässige natürliche Personen beziehungsweise Gesellschaften und die Vertragsstaaten konsultieren einander mit dem Ziel, dieses Abkommen so zu ändern, dass bei den gewährten Vergünstigungen wieder Ausgewogenheit herrscht.

Anmerkungen

1. Siehe *www.oecd.org/ctp/BEPSActionPlan.pdf (englische Fassung) bzw. www.oecd-ilibrary.org/taxation/aktionsplan-zur-bekampfung-der-gewinnverkurzung-und-gewinnverlagerung_9789264209688-de* (deutsche Fassung).
2. Siehe *www.treasury.gov/press-center/press-releases/Pages/jl10057.aspx.*
3. Auch Fälle, in denen eine Person Abkommensvergünstigungen in Anspruch zu nehmen versucht, die in dem Vertragsstaat ansässig ist, aus dem die Einkünfte stammen (z.B. durch Verlegung der Ansässigkeit in den anderen Vertragsstaat oder über einen in diesem anderen Staat errichteten Rechtsträger), können eine Form des Treaty-Shopping darstellen und sind von den Empfehlungen des vorliegenden Berichts erfasst.
4. In der vollständigen Ausgabe des Musterabkommens enthalten auf den Seiten R(5)-1 und R(6)-1.
5. In der vollständigen Ausgabe des Musterabkommens enthalten auf Seite R(17)-1.
6. Siehe insbesondere Empfehlung 9 des Berichts:

   „Die Länder sollten in Betracht ziehen, in ihre Doppelbesteuerungsabkommen Bestimmungen aufzunehmen, die eine Einschränkung des Anspruchs auf Abkommensvergünstigungen für Rechtsträger und Einkünfte bezwecken, die in Zusammenhang mit Maßnahmen stehen, die schädliche Steuerpraktiken darstellen, und Überlegungen dazu anstellen, wie die bestehenden Bestimmungen ihrer Doppelbesteuerungsabkommen entsprechend angewendet werden können. Das Musterabkommen sollte geändert werden, indem Bestimmungen oder Erläuterungen aufgenommen werden, die in dieser Hinsicht erforderlich sind."
7. Ziffer 20 des Kommentars zu Artikel 1.
8. Ziffer 21.4 des Kommentars zu Artikel 1.
9. Siehe *www.treasury.gov/resource-center/tax-policy/treaties/Documents/Treaty-Limitation-on-Benefits-5-20-2015.pdf.*
10. Die konkrete Formulierung dieses Artikels wird jeweils davon abhängen, wie die Vertragsstaaten ihre gemeinsame Absicht umsetzen wollen, eine Doppelbesteuerung zu beseitigen, ohne dabei Möglichkeiten zur Nicht- oder Niedrigbesteuerung durch Steuerhinterziehung oder -umgehung, u.a. durch Treaty-Shopping-Gestaltungen, zu schaffen. Dies kann entweder durch die Aufnahme ausschließlich des Absatzes 7 oder durch die Aufnahme der im Kommentar zu Artikel [X] enthaltenen ausführlichen Fassung der Absätze 1 bis 6 zusammen mit einem Mechanismus zur Bekämpfung von Durchlaufgestaltungen nach Ziffer [x] des Kommentars oder durch die Aufnahme des Absatzes 7 zusammen mit einer im Kommentar zu Artikel [X] enthaltenen Variante der Absätze 1 bis 6 erfolgen.
11. Die Absätze 1 bis 6 sowie der dazugehörige Kommentar stehen in eckigen Klammern, da sie noch nicht endgültig sind.

12. Eine Annahme, die zur Aufnahme von Absatz 4 geführt hat, beruht darauf, dass im Rahmen des Aktionspunkts 5 (Wirksamere Bekämpfung schädlicher Steuerpraktiken unter Berücksichtigung von Transparenz und Substanz) und des Aktionspunkts 8 (Immaterielle Werte) des BEPS-Aktionsplans Aspekten der Gewinnverkürzungs- und Gewinnverlagerungsproblematik begegnet wird, die sich aus einer Bestimmung über abgeleitete Vergünstigungen ergeben können, die nicht nur für Dividenden gelten würde, sondern auch für gewinnverkürzende Zahlungen wie Lizenzgebühren. Die Aufnahme von Absatz 4 muss daher anhand der zu diesen Aktionspunkten erzielten Ergebnisse sowie anhand von Alternativmaßnahmen zur Bekämpfung des Risikos einer Gewinnverkürzung oder -verlagerung – wie der in Abschnitt C dieses Berichts beschriebenen Maßnahme zu „steuerlichen Sonderregelungen" – geprüft werden.
13. Ziffer 16 des Berichts.
14. Ziffer 23 des Kommentars zu Artikel 4 des Abkommensentwurfs von 1963.
15. Siehe *www.treasury.gov/resource-center/tax-policy/treaties/Documents/Treaty-Exempt-Permanent-Establishments-5-20-2015.pdf*
16. Nach den Grundsätzen des Völkerrechts gemäß den Artikeln 26 und 27 des Wiener Übereinkommens über das Recht der Verträge (WÜRV) gilt, dass, wenn durch die Anwendung einer innerstaatlichen Missbrauchsbekämpfungsvorschrift ein Staat, der ein Doppelbesteuerungsabkommen unterzeichnet hat, Einkünfte besteuern darf, die er nach dem Abkommen nicht besteuern dürfte, die Anwendung der innerstaatlichen Missbrauchsbekämpfungsvorschrift im Widerspruch zu den Abkommensbestimmungen stehen würde und die entsprechenden Abkommensbestimmungen Vorrang haben sollten.
17. Die Saving-Clause und ihre Ausnahmen lauten im US-Musterabkommen folgendermaßen:
    4. Soweit nicht Absatz 5 gilt, berührt dieses Abkommen nicht die Besteuerung durch einen Vertragsstaat von dort ansässigen Personen (im Sinne des Artikels 4 – Ansässigkeit) und seinen Staatsbürgern. Ungeachtet der sonstigen Bestimmungen dieses Abkommens kann ein ehemaliger Staatsbürger oder langfristig Aufenthaltsberechtigter eines Vertragsstaats nach dem Recht dieses Vertragsstaats besteuert werden.
    5. Nicht berührt werden durch Absatz 4 die Vergünstigungen, die ein Vertragsstaat
       a) nach Artikel 9 Absatz 2 (Verbundene Unternehmen), Artikel 13 Absatz 7 (Veräußerungsgewinne), Artikel 17 Absatz 1 Buchstabe b sowie Absätze 2, 3 und 6 (Ruhegehälter, Sozialversicherung, Renten und Unterhaltszahlungen), Artikel 18 Absatz 3 (Altersvorsorgefonds) und nach den Artikeln 23 (Vermeidung der Doppelbesteuerung), 24 (Gleichbehandlung) und 25 (Verständigungsverfahren) gewährt, und
       b) nach Artikel 18 Absatz 1 (Altersvorsorgefonds) und nach den Artikeln 19 (Öffentlicher Dienst), 20 (Studenten und Auszubildende) und 27 (Mitglieder diplomatischer Missionen und konsularischer Vertretungen) natürlichen Personen gewährt, die nicht Staatsbürger dieses Staates sind bzw. denen dort nicht die Gründung eines ständigen Wohnsitzes gestattet wurde.
18. „2. Für die Auslegung eines Vertrags bedeutet der Zusammenhang außer dem Vertragswortlaut samt Präambel und Anlagen
    a) jede sich auf den Vertrag beziehende Übereinkunft, die zwischen allen Vertragsparteien anlässlich des Vertragsabschlusses getroffen wurde;
    b) jede Urkunde, die von einer oder mehreren Vertragsparteien anlässlich des Vertragsabschlusses abgefasst und von den anderen Vertragsparteien als eine sich auf den Vertrag beziehende Urkunde angenommen wurde."
19. Im Kommentar zum Entwurf des Wiener Übereinkommens über das Recht der Verträge von 1966 wird festgestellt, dass der Internationale Gerichtshof zur Auslegung einer bestimmten Bestimmung bereits mehrfach auf die Erklärung des Ziels und Zwecks in der Präambel zurückgegriffen hat (Draft Articles on the Law of Treaties with commentaries, Report of the International Law Commission to the General Assembly, Yearbook of the International Law Commission, 1966, Band II, S. 221 [Anm. d. Übers.: Nur auf Englisch verfügbar]).
20. Siehe *www.treasury.gov/resource-center/tax-policy/treaties/Documents/Treaty-Special-Tax-Regimes-5-20-2015.pdf* und *www.treasury.gov/resource-center/tax-policy/treaties/Documents/Treaty-Subsequent-Changes-in-Law-5-20-2015.pdf.*

Literaturverzeichnis

OECD (2018), *Verhinderung der künstlichen Umgehung des Betriebsstättenstatus, Aktionspunkt 7 – Abschlussbericht* 2015, OECD/G20 Projekt Gewinnverkürzung und Gewinnverlagerung, OECD Publishing, Paris, *https://doi.org/10.1787/9789264287334-de.*

OECD (2017), *Neutralisierung der Effekte hybrider Gestaltungen, Aktionspunkt 2 – Abschlussbericht 2015, OECD/G20 Projekt Gewinnverkürzung und Gewinnverlagerung, OECD Publishing, Paris, https://doi.org/10.1787/9789264263185-de.*

OECD (2014), *Preventing the Granting of Treaty Benefits in Inappropriate Circumstances*, OECD/G20 Base Erosion and Profit Shifting Project, OECD Publishing, Paris, *https://doi.org/10.1787/9789264219120-en.*

OECD (2014), *Aktionsplan zur Bekämpfung der Gewinnverkürzung und Gewinnverlagerung*, OECD Publishing, Paris, *https://doi.org/10.1787/9789264209688-de.*

OECD (2012), *Model Tax Convention on Income and on Capital 2010* (Full Version), OECD Publishing, Paris, *https://doi.org/10.1787/9789264175181-en.*

OECD (2010), *The granting of treaty benefits with respect to the income of collective investment vehicles*, OECD, Paris, *http://www.oecd.org/ctp/treaties/45359261.pdf.*

OECD (2008), *Tax treaty issues related to REITs*, OECD, Paris, *www.oecd.org/tax/treaties/39554788.pdf.*

OECD (1998), *Harmful Tax Competition: An Emerging Global Issue*, OECD Publishing, Paris, *https://doi.org/10.1787/9789264162945-en.*

ORGANISATION FÜR WIRTSCHAFTLICHE ZUSAMMENARBEIT UND ENTWICKLUNG

Die OECD ist ein einzigartiges Forum, in dem Regierungen gemeinsam an der Bewältigung von wirtschaftlichen, sozialen und umweltbezogenen Herausforderungen der Globalisierung arbeiten. Die OECD steht auch ganz vorne bei den Bemühungen um ein besseres Verständnis neuer Entwicklungen und unterstützt Regierungen, Antworten auf diese Entwicklungen und die Anliegen der Regierungen zu finden, beispielsweise in den Bereichen Corporate Governance, Informationswirtschaft oder Bevölkerungsalterung. Die Organisation bietet den Regierungen einen Rahmen, der es ihnen ermöglicht, ihre Erfahrungen mit Politiken auszutauschen, nach Lösungsansätzen für gemeinsame Probleme zu suchen, gute Praktiken aufzuzeigen und auf eine Koordinierung nationaler und internationaler Politiken hinzuarbeiten.

Die OECD-Mitgliedsländer sind: Australien, Belgien, Chile, Dänemark, Deutschland, Estland, Finnland, Frankreich, Griechenland, Irland, Island, Israel, Italien, Japan, Kanada, Korea, Lettland, Luxemburg, Mexiko, Neuseeland, die Niederlande, Norwegen, Österreich, Polen, Portugal, Schweden, Schweiz, die Slowakische Republik, Slowenien, Spanien, die Tschechische Republik, Türkei, Ungarn, das Vereinigte Königreich und die Vereinigten Staaten. Die Europäische Union beteiligt sich an der Arbeit der OECD.

OECD Publishing sorgt für eine weite Verbreitung der Ergebnisse der statistischen Datenerfassungen und Untersuchungen der Organisation zu wirtschaftlichen, sozialen und umweltpolitischen Themen sowie der von den Mitgliedstaaten vereinbarten Übereinkommen, Leitlinien und Standards.

OECD PUBLISHING, 2, rue André-Pascal, 75775 PARIS CEDEX 16
(23 2015 33 5 P) ISBN 978-92-64-30412-3 – 2018

www.ingramcontent.com/pod-product-compliance
Lightning Source LLC
LaVergne TN
LVHW081415110826
845149LV00010B/1753

9789264304123